AF650657

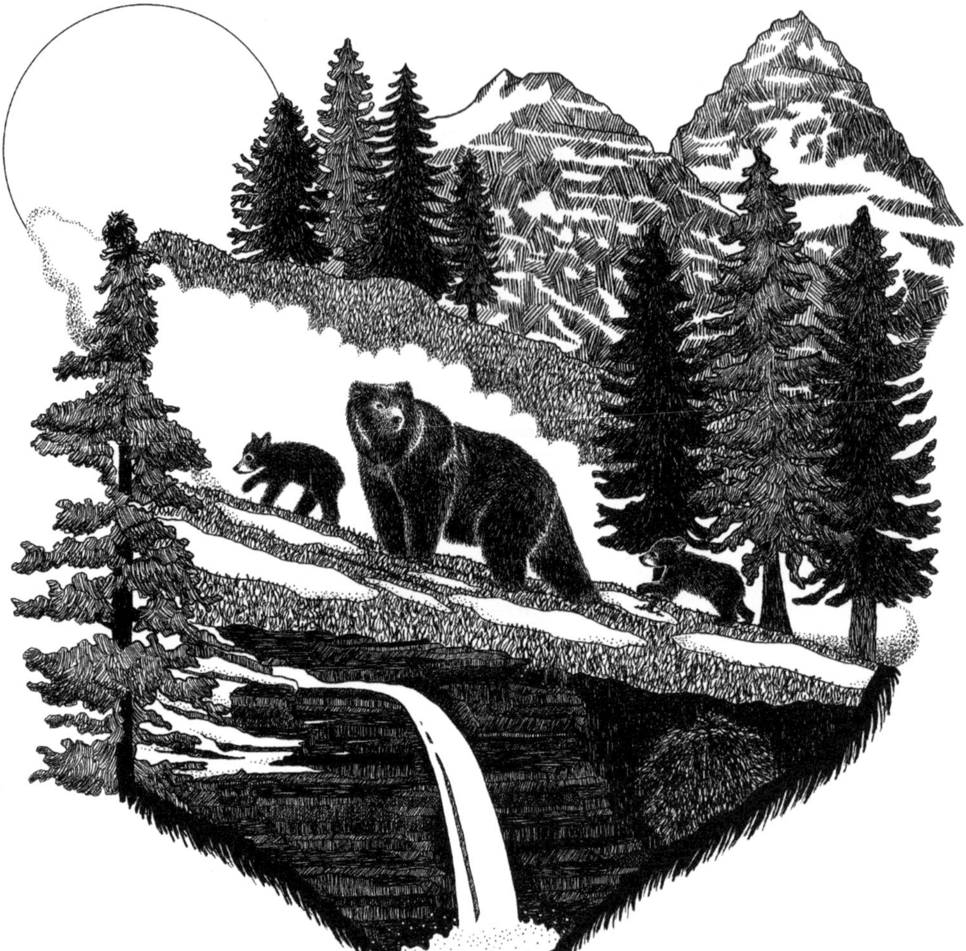

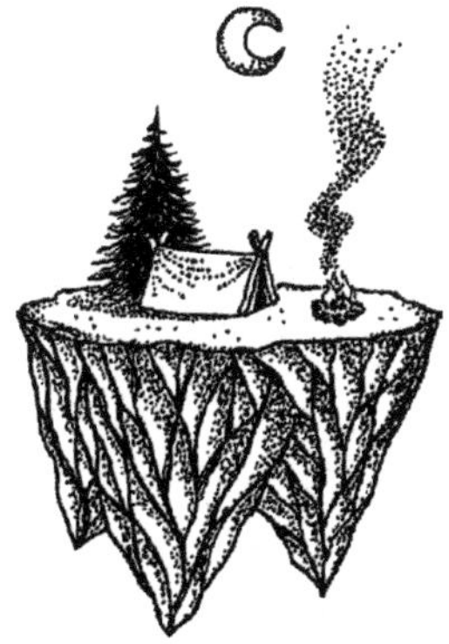

FINE LINE

SCHRITT FÜR SCHRITT ZUM EIGENEN FINELINER-ARTWORK

von Kim Becker

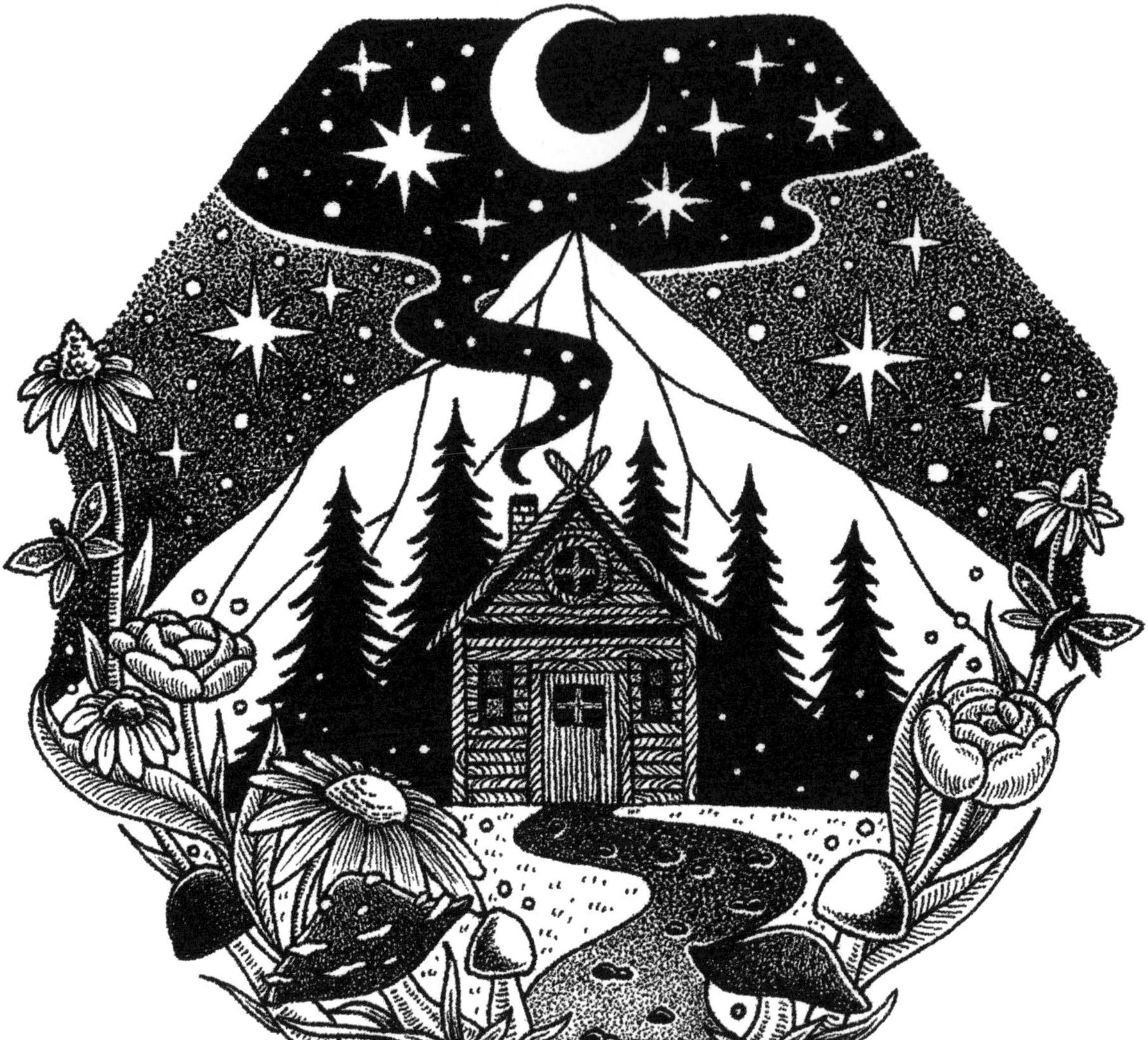

Hey!

Ich bin Kim und ich freue mich, dass du dieses Buch in Händen hältst. Als freischaffende Illustratorin habe ich mich auf das Zeichnen mit Finelinern spezialisiert – man kann wirklich wunderschöne Zeichnungen mit diesen Stiften kreieren. Hier habe ich für dich meine Erfahrungen und mein gesammeltes Wissen über das Zeichnen mit Finelinern zusammengefasst.

Vieles wirst du im Laufe der Zeit selbst entdecken. Zu Beginn stelle ich dir verschiedene Materialien und Techniken vor, damit du weißt, was dich erwartet. Die Schritt-für-Schritt-Anleitungen im Anschluss sind genauso detailliert wie die Zeichnungen selbst. So wirst du, wenn du Motivation, Freude am Zeichnen und ein bisschen Geduld mitbringst, am Ende deine eigene Fineliner-Kunst erschaffen können.

Lasse dich auf den folgenden Seiten inspirieren und habe viel Spaß dabei, das Erlernte selbst anzuwenden. Wenn du magst, verlinke mich gerne auf Instagram, wenn du deine eigenen Projekte teilst. Nutze dafür einfach den Hashtag #finelinebuch.

Stifte ready? Dann kann es losgehen :)

Kim Becker

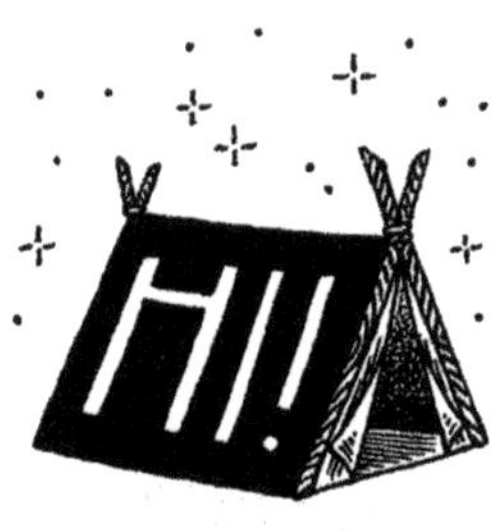

Inhalt

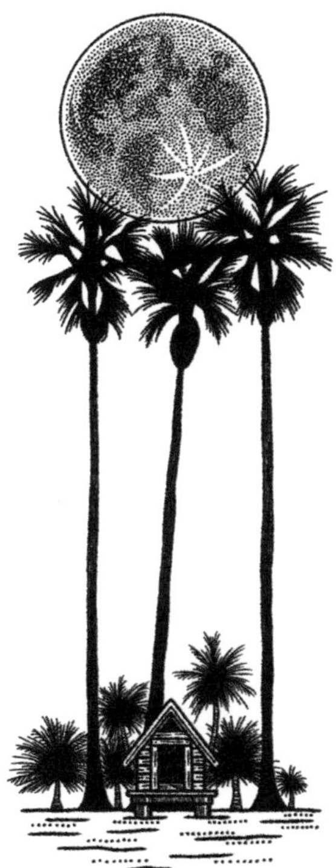

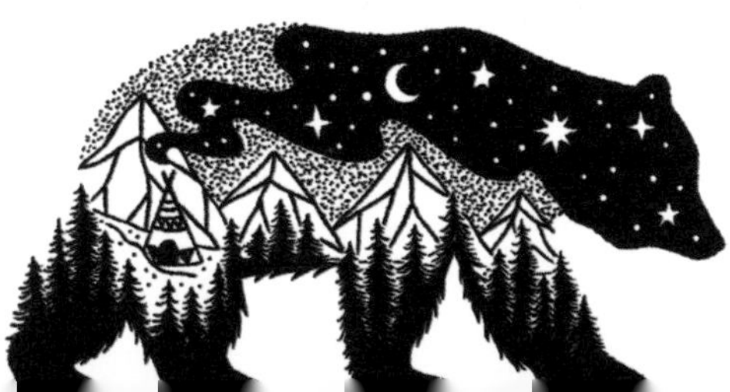

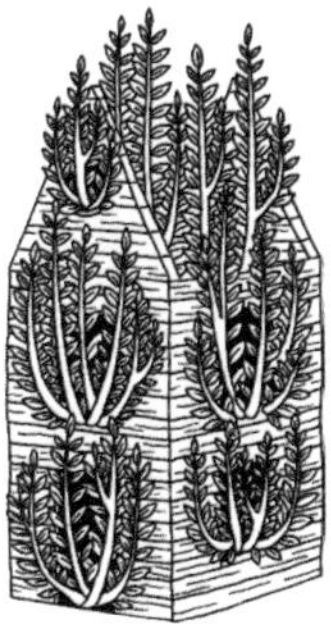

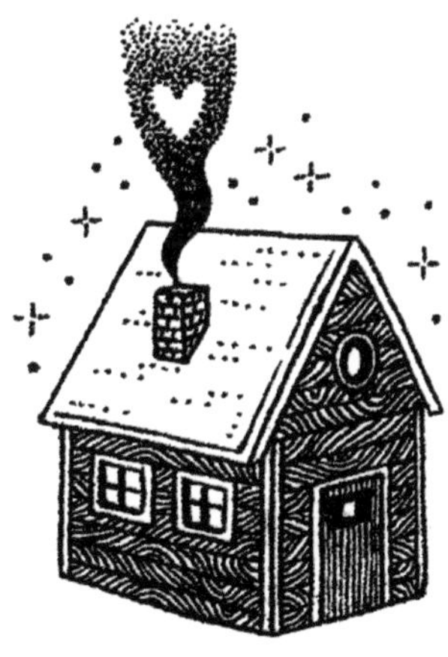

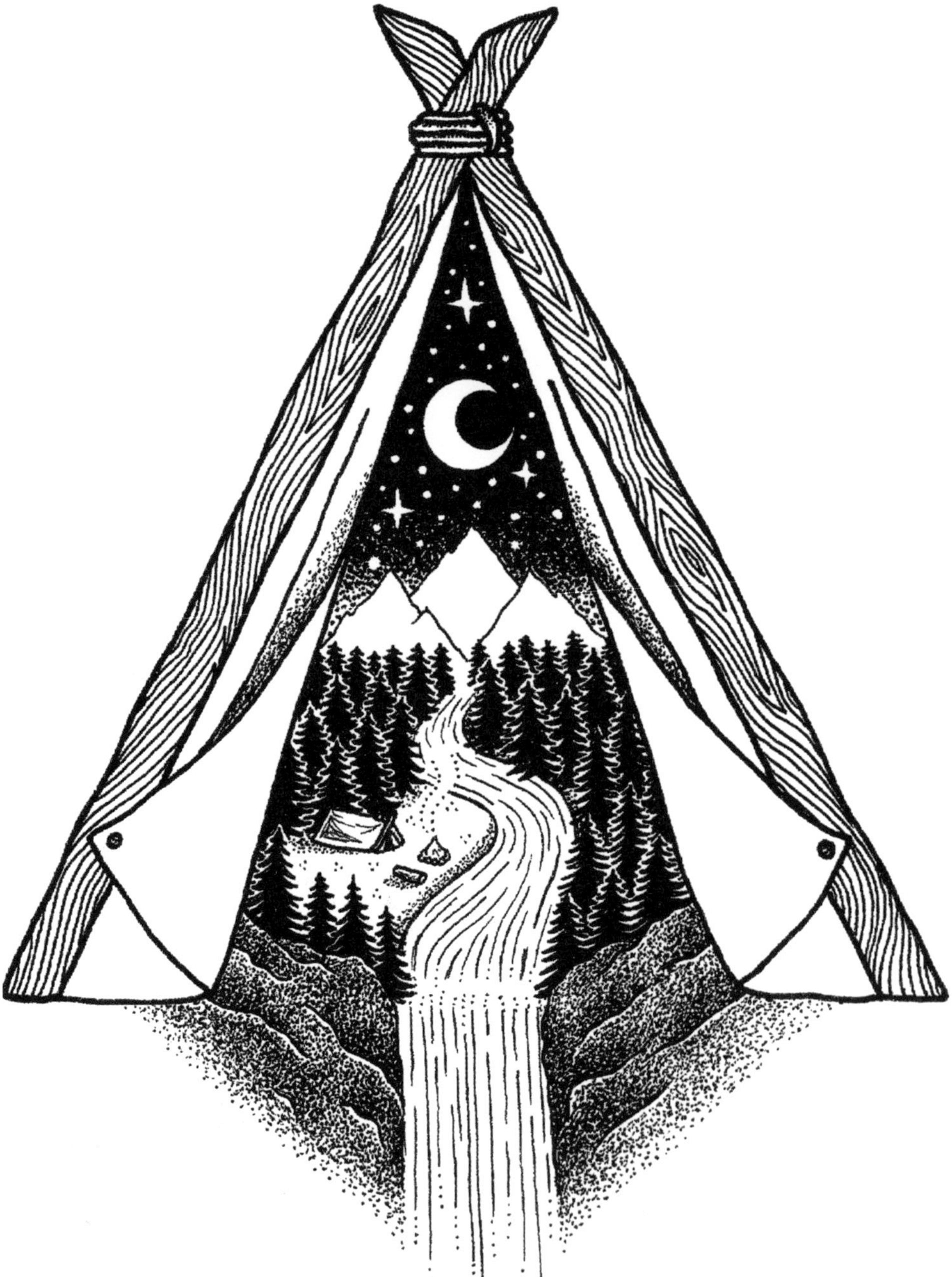

Materialien **und Technik**

Um dir einen ersten Eindruck vom Zeichnen mit Finelinern zu verschaffen, nimm dir ein bisschen Zeit für dieses Kapitel. Danach weißt du alles über die Stifte, welche Materialien du neben den Finelinern sonst noch verwenden kannst und welche Techniken es gibt. Mit diesem Wissen bist du dann bestens für die Anleitungen und deine eigenen Zeichnungen vorbereitet.

Was sind **Fineliner?**

Um diesen Stift dreht sich in diesem Buch (fast) alles – doch was ist überhaupt ein Fineliner? Und was macht ihn so besonders?

Ob in der Schule oder im Büro: Auch du hattest bestimmt schon einen Fineliner unter deinen Schreibutensilien. Das universale Schreibwerkzeug lässt sich dank seiner besonderen Eigenschaften aber auch bestens zum Zeichnen und in vielseitigen Techniken verwenden.

Die Stiftspitze

Ein Fineliner zeichnet sich durch seine feine, feste Faserspitze aus. Diese Spitze ist metallgefasst. Das sorgt für Stabilität und Präzision, sie gleitet zum Beispiel problemlos an der Kante eines Lineals oder einer Schablone entlang. Der Stift kommt daher oft bei Technischen Zeichnungen zum Einsatz, da man ganz exakt damit zeichnen und filigrane Linien ziehen kann. Ein besonderes Merkmal von Finelinern ist der gleichmäßige Fluss der Tinte vom Anfang bis zum Ende einer Linie.

Finelinerspitzen gibt es in verschiedenen Stärken. Diese reichen meistens von der 0.05 mm bis zur 0.8 mm Spitze, einige Marken bieten auch noch weitere Größen an. Im Set sind sie üblicherweise in den Stärken 0.05, 0.1, 0.2, 0.3, 0.6, und 0.7 erhältlich. Ich verwende am liebsten die kleineren Spitzen, da man mit ihnen feine Details zeichnen kann. Die Stärken 0.1 bis 0.3 eignen sich hervorragend für Outlines und 0.8 verwende ich meistens zum Füllen von größeren Flächen.

Fineliner-Tinte

Fineliner gibt es in allen nur erdenklichen Farben. Die Tinte ist pigmentiert, lichtecht und normalerweise wisch- und wasserfest. Trotzdem solltest du immer darauf achten, sie nur im vollständig getrockneten Zustand zu radieren. Sonst kann es passieren, dass der Farbauftrag verschmiert und du im schlimmsten Fall dein Werk ruinierst.

Jeder Fineliner verfügt über eine Schutzkappe. Bei Gebrauch kann man die Kappe meistens auf das hintere Ende des Stifts stecken, was sehr praktisch ist. Für gewöhnlich sind

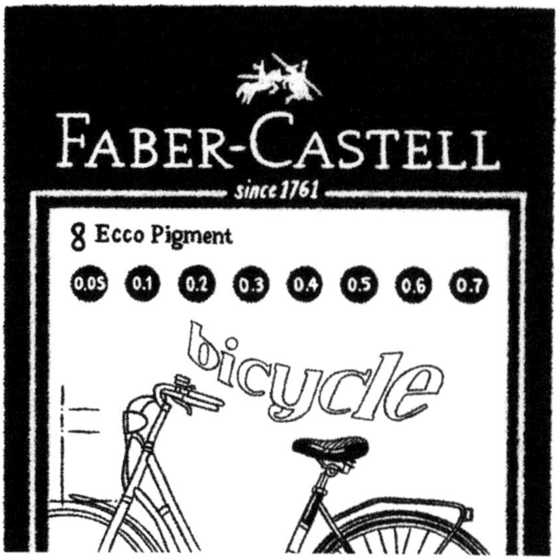

die Stifte Einwegprodukte, es gibt aber auch einige teurere Modelle, die wieder mit Tinte befüllbar sind.

Mit Finelinern lässt sich auf vielen Materialien wie Papier, Transparentpapier, Packpapier oder Pappe zeichnen. Glatte Papiere eignen sich am besten. Ist das Papier zu saugfähig, fängt die Tinte an zu bluten, das heißt, sie dringt langsam in das Papier und verläuft. Letztendlich ist es aber Geschmackssache, was dir besser gefällt. Ich persönlich finde es beispielsweise nicht schlimm, wenn die Tinte minimal in das Papier verläuft, weshalb ich meistens auf ganz normalem Papier zeichne.

Was die Qualität angeht, solltest du beim Finelinerkauf nicht unbedingt auf absolute Billigprodukte zurückgreifen. Gut beraten bist du mit Finelinern größerer Marken, etwa Edding, Staedtler, Sakura oder Faber-Castell. Sie alle weisen keine allzu großen Unterschiede untereinander auf. Gute Erfahrungen habe ich mit den Ecco Pigment Finelinern von Faber-Castell gemacht und mich deshalb für diese entschieden.

Mein Tipp: Teste dich ruhig durch verschiedene Stift- und Papiersorten und wähle dann deinen eigenen Favoriten.

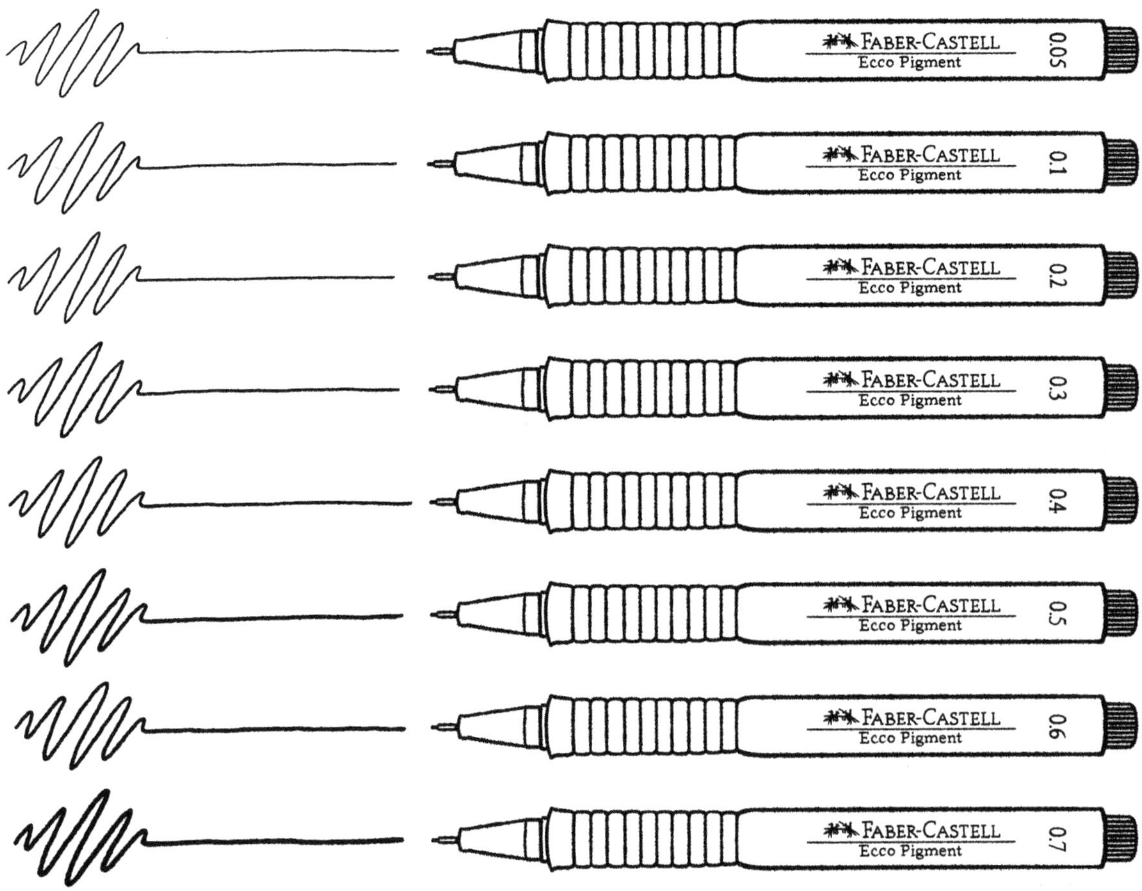

Weitere **Materialien**

Für das Zeichnen mit Finelinern werden kaum Materialien benötigt. Theoretisch reichen schon ein Fineliner und Papier. Um akkurate Linien und geometrische Elemente zu illustrieren, die Symmetrie zu wahren oder eine gute Aufteilung der einzelnen Elemente zu finden, kommen aber durchaus noch andere Materialien zum Einsatz.

Bleistift

Der Bleistift wird hauptsächlich für das Skizzieren verwendet und zum Schluss wegradiert. Daher ist es wichtig, dass du nicht mit zu viel Druck auf dem Papier zeichnest. Ich verwende am liebsten einen gut gespitzten Bleistift oder einen dünnen Druckbleistift.

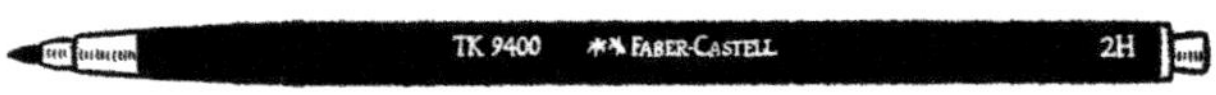

Radiergummi

Da die Bleistiftskizze bei der fertigen Illustration nicht mehr benötigt wird, werden die feinen Linien im Anschluss wegradiert. Gut geeignet sind weiche Radiergummis, die weder die Tinte der Fineliner verschmieren noch das Papier zerstören. Empfehlen kann ich einen so genannten Radierstift. Damit lässt sich präzise arbeiten und die Radierminen sind nachfüllbar.

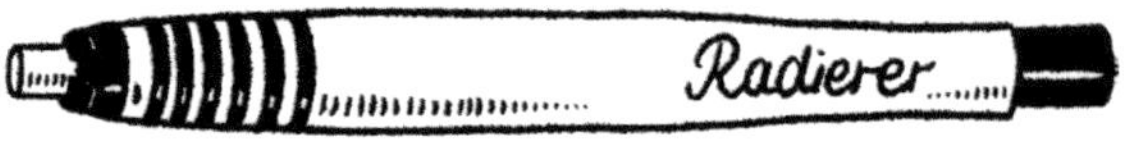

Papier

Du wirst schnell merken, dass das Papier eine wichtige Rolle spielt, da die Tinte der Fineliner auf zu grobem Papier gern verläuft. Auch zu dünnes Papier ist nicht immer geeignet, da hier die Tinte durchscheint oder Spuren auf der Rückseite hinterlässt. Je feiner das Papier ist, desto besser lässt es sich mit dem Fineliner darübergleiten. Gute Erfahrungen habe ich mit Papier der Stärke 90 g/m² bis 170 g/m² gemacht, wobei ersteres auch manchmal leicht durchscheint.

Lineal und Geodreieck

Diese beiden praktischen Hilfswerkzeuge sind ein Muss, wenn du symmetrische oder geometrische Motive erstellen möchtest. Mit ihnen kannst du nicht nur alles zentrieren, sondern auch kerzengerade Linien zeichnen.

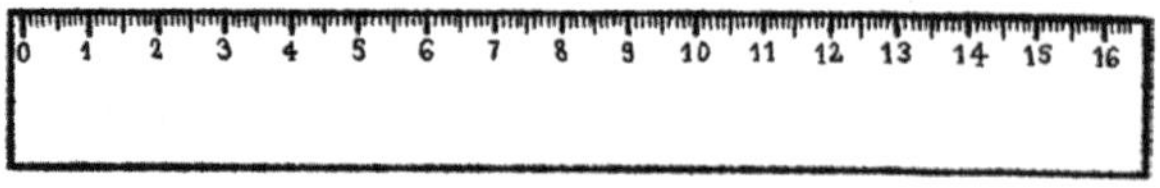

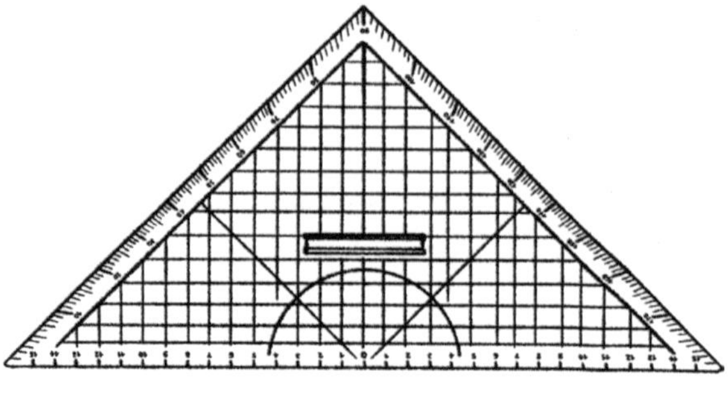

Schablonen

Ich bin ein großer Fan meiner Kreisschablone, da sie mir viel Arbeit erspart. Schneller kann man keinen perfekten Kreis zeichnen. Die Schablonen gibt es nicht nur für Kreise, sondern auch für alle möglichen anderen geometrischen Formen wie Dreiecke, Quadrate oder Sechsecke. Natürlich kannst du für größere Kreise auch einen Zirkel verwenden oder die einzelnen Formen mit einem Geodreieck selbst erstellen.

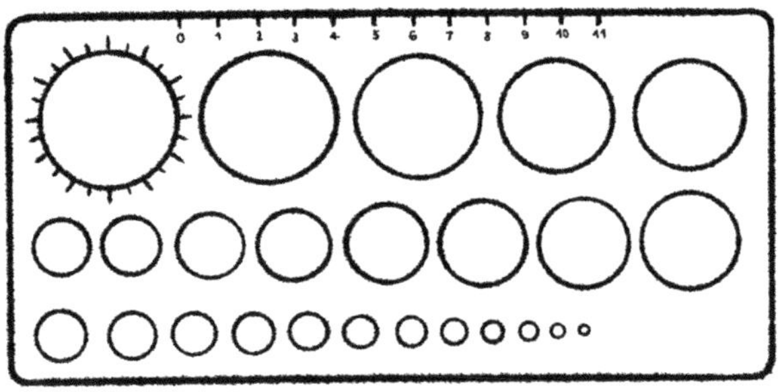

Zirkel

Ein super Hilfsmittel, um Kreise und Abstände einzuzeichnen. Ich finde nicht nur den üblichen Zirkel mit Bleistiftmine praktisch, sondern auch Zirkel, in die man seine eigenen Stifte einspannen kann. So lässt sich, je nach Motiv, beispielsweise der eigene Fineliner einklemmen. Man muss jedoch sehr sorgfältig arbeiten, um damit den Endpunkt perfekt zu treffen.

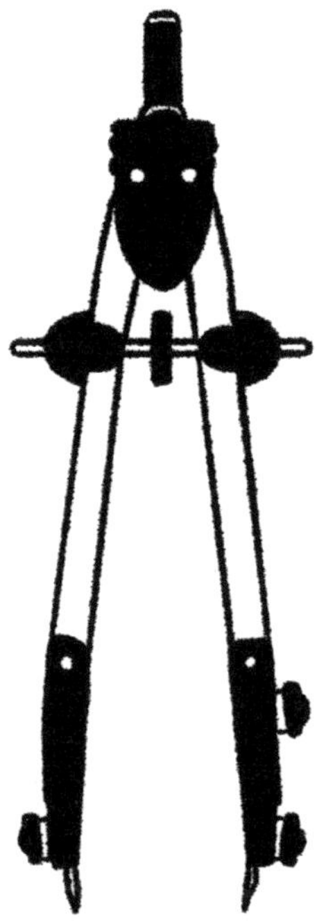

Weißer Gelroller

Ein schönes Werkzeug, um auf schwarzen Finelinerflächen Details hinzuzufügen, beispielsweise, um einen Sternenhimmel zu zaubern. Der Gelroller kommt bei mir allerdings nicht so oft zum Einsatz, da ich eine andere Technik bei meinen Illustrationen verwende. Im Kapitel Technik zeige ich dir auf Seite 22 dennoch, wie du damit arbeiten kannst.

Digitale Anwendungen

Mit dem Programm Adobe Photoshop oder der App Procreate lassen sich heutzutage viele Werkzeuge digital verwenden, um täuschend echte Fineliner-Zeichnungen zu erstellen. Ein großer Vorteil gegenüber dem traditionellen Zeichnen ist dabei eindeutig, dass man alle Schritte auch wieder rückgängig machen kann – was beim analogen Zeichnen mit Finelinern nicht geht. Für mich ist aber gerade das Schöne und Einzigartige am analogen Zeichnen, dass es ein bewusstes Arbeiten ist, bei dem es wichtig ist, sich vorher genau zu überlegen, in welcher Reihenfolge man vorgeht.

Auf den folgenden Seiten werde ich dir Arbeitsschritte und Techniken beim Umgang mit den Finelinern vorstellen. Im hinteren Teil des Buches findest du passend dazu zwei Übungsblätter. Übertrage einfach die Übungen auf ein Blatt Papier und fülle sie, während du den Text liest, nebenher aus.

Techniken

Skizzieren

Da die Fineliner-Zeichnungen oftmals sehr detailliert sind, nimm dir am besten immer die Zeit, zu Beginn eine Skizze mit Bleistift anzufertigen. Denn eines haben alle Zeichnungen mit Finelinern gemeinsam: Ist die Tinte erstmal auf dem Papier, gibt es kein Zurück mehr und kein Radierer kann sie wieder entfernen.

Du kannst ganz einfach mit deinen Finelinern über die Bleistiftlinien zeichnen und diese zum Schluss, wenn die Tinte getrocknet ist, vorsichtig wegradieren. Es mag manchmal etwas lästig sein, deine Zeichnung quasi zweimal zu zeichnen. Es wird dir aber viel Zeit sparen, solltest du dich verzeichnen, etwas vergessen oder eine Linie durchziehen, die eigentlich an einer bestimmten Stelle hätte enden sollen. Wenn sich beispielsweise Motive überschneiden, merkt man manchmal zu spät, dass man das hintere Motiv bereits mit Tinte gezeichnet hat und kann dann das vordere Motiv nicht mehr darüberzeichnen.

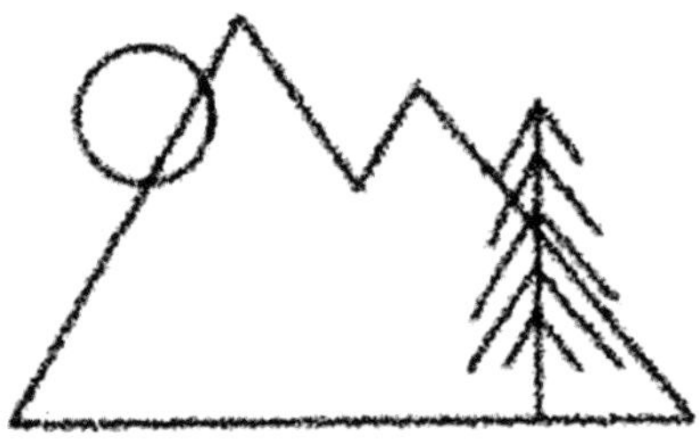

Grobe Bleistiftskizze

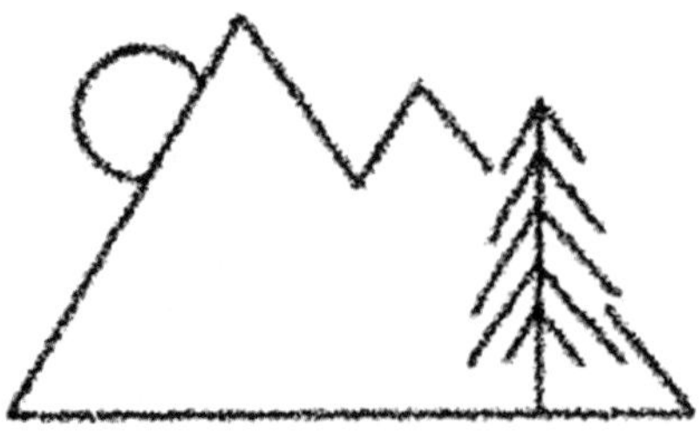

Anordnung der einzelnen Elemente

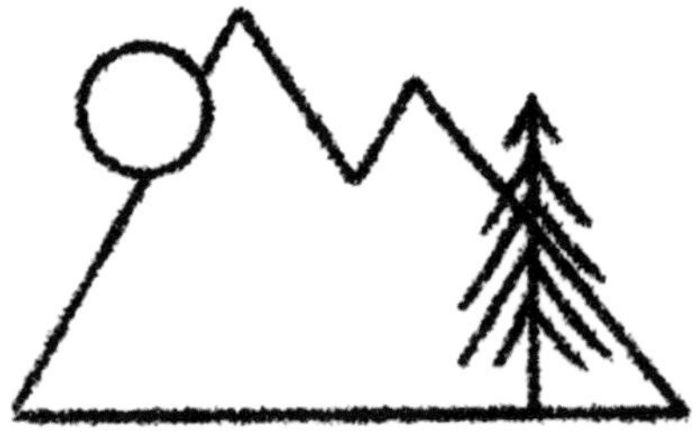

Möglicher Fehler ohne Zwischschritt: falsche Anordnung, durchgezogene Linie

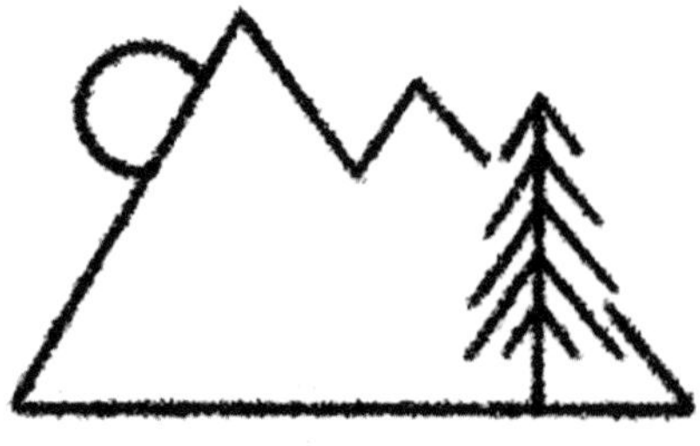

Präzises Ergebnis mit Skizze und Zwischenschritt

Ein weiterer Pluspunkt der Skizze ist, dass es dir in der Regel leichter fallen wird, Linien mit Finelinern und einer ruhigen Hand nachzuziehen, wenn bereits eine Bleistiftlinie vorhanden ist. Und sollte dir das Layout beispielsweise nicht gefallen, ist es möglich, die Zeichnung nochmal neu anzuordnen.

Hinzu kommt, dass du mit der Bleistiftskizze die Formen konstruieren kannst, bei denen du Hilfslinien benötigst, bevor du sie mit dem Fineliner zeichnest. Sowohl bei geometrischen Illustrationen als auch bei komplexen Formen und allgemeinen Gestaltungsfragen kannst du dir mit der Skizze vieles erleichtern.

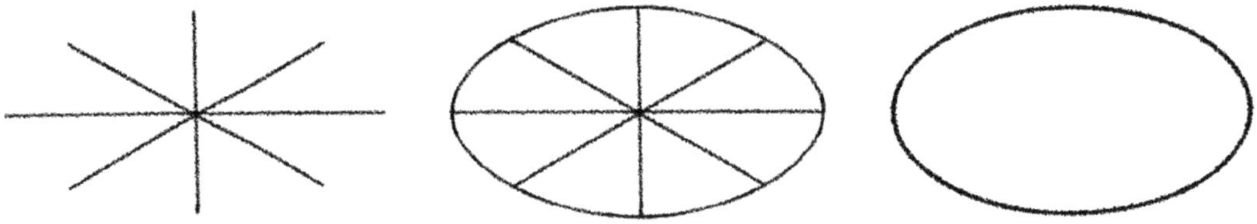

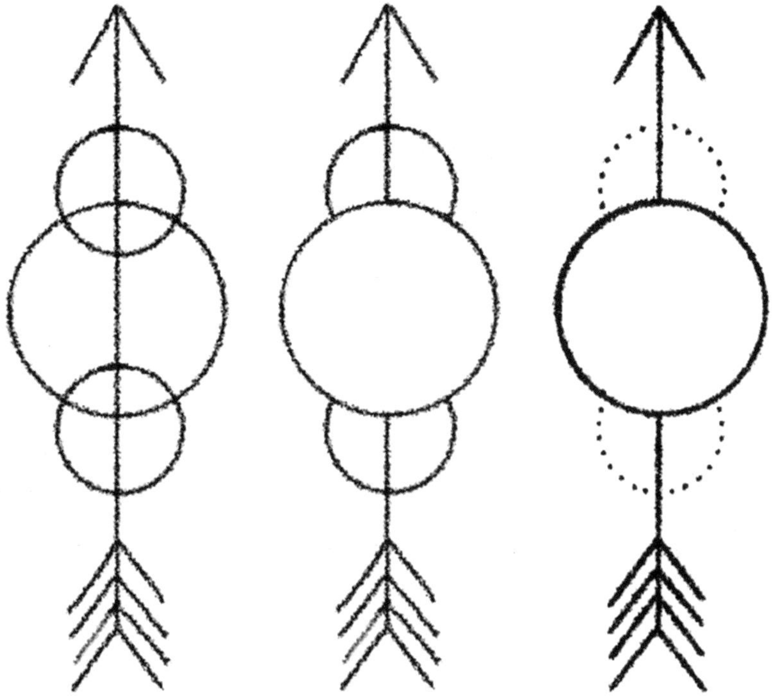

Skizzenbücher

Skizzenbücher eignen sich hervorragend, um Ideen mit schnellen und groben Skizzen einzufangen. Du kannst sie zum Üben und als Ideensammlung verwenden und durch ihre praktische Größe überall hin mitnehmen.

Linework – Zeichnen mit Linien

Bei dieser Technik arbeitest du ausschließlich mit Linien. Das ist mit Finelinern praktisch, da sie dafür gemacht sind, Linien sehr präzise zu zeichnen. Linien sind sehr vielfältig einsetzbar: Sie können als Outlines fungieren und ebenso ein Stilmittel für Schraffur und Textur der einzelnen Elemente sein. Sie können jede Form annehmen, durchgängig, unterbrochen, gepunktet oder gestrichelt sein. Natürlich kommt es bei einem Linework auf deinen individuellen Stil an – den einen gefällt es besser, skizzenartige, schnelle Linien zu zeichnen, die anderen haben es lieber grafisch und ziehen ihre Linien akkurat mit dem Lineal. Auch die Strichstärke ist Geschmackssache: Man kann alle Elemente in derselben Strichstärke gestalten oder diese innerhalb der Zeichnung variieren.

Dotwork – Zeichnen mit Punkten

Bei dieser Technik setzt du mit dem Fineliner einzelne Punkte. Sie kommt meist dann zum Einsatz, wenn du Elemente schattieren, ihnen Kontrast oder Struktur verleihen oder sogar Flächen damit füllen möchtest. Es gibt Künstler*innen, die komplett auf Linien verzichten und ihre Motive nur mithilfe von vielen, einzelnen kleinen Punkten aufs Papier bringen. Durch Abstand und Punktgröße kannst du den Tonwert der entstehenden, getüpfelten Flächen beeinflussen und auf diese Weise sehr detaillierte und komplexe Illustrationen erschaffen.

Oftmals werden Line- und Dotwork zusammen eingesetzt, da sie Hand in Hand gehen und sich hervorragend ergänzen.

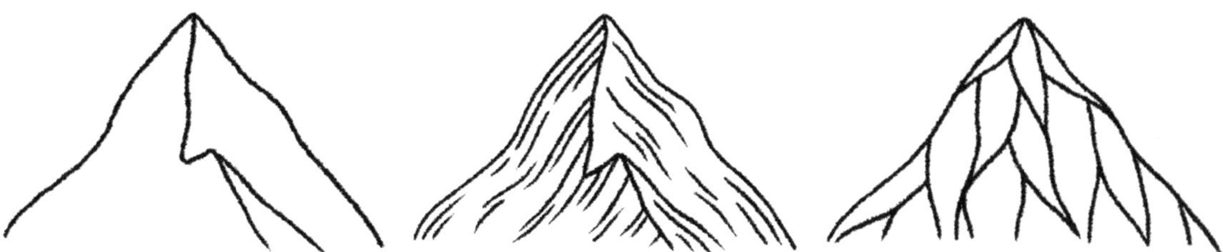

Linework

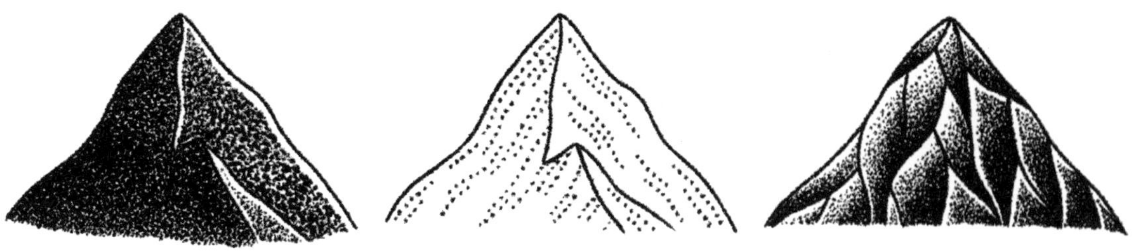

Dotwork

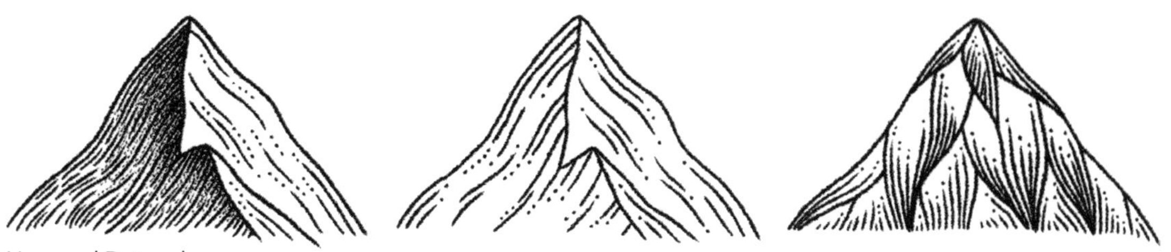

Line- und Dotwork

Schattierungen

Je nachdem, wie realistisch und räumlich du deine Illustrationen darstellen möchtest, wirst du an einer Schattierung deiner Elemente nicht vorbeikommen. Bei grafischen Motiven, bei denen eher ein minimalistischer Stil angestrebt wird, kannst du auch darauf verzichten. Ansonsten gilt folgendes: Schatten entstehen dort, wo eine Lichtquelle auf ein Objekt trifft.

Wenn du also ein Objekt schattieren möchtest, solltest du dir einen Punkt aussuchen, von dem deine Lichtquelle ausgeht. Wenn die Sonne beispielsweise rechts über einer Kugel steht, fällt ein Schlagschatten nach links unten, dort, wo das Licht an der Kugel gebrochen wird.

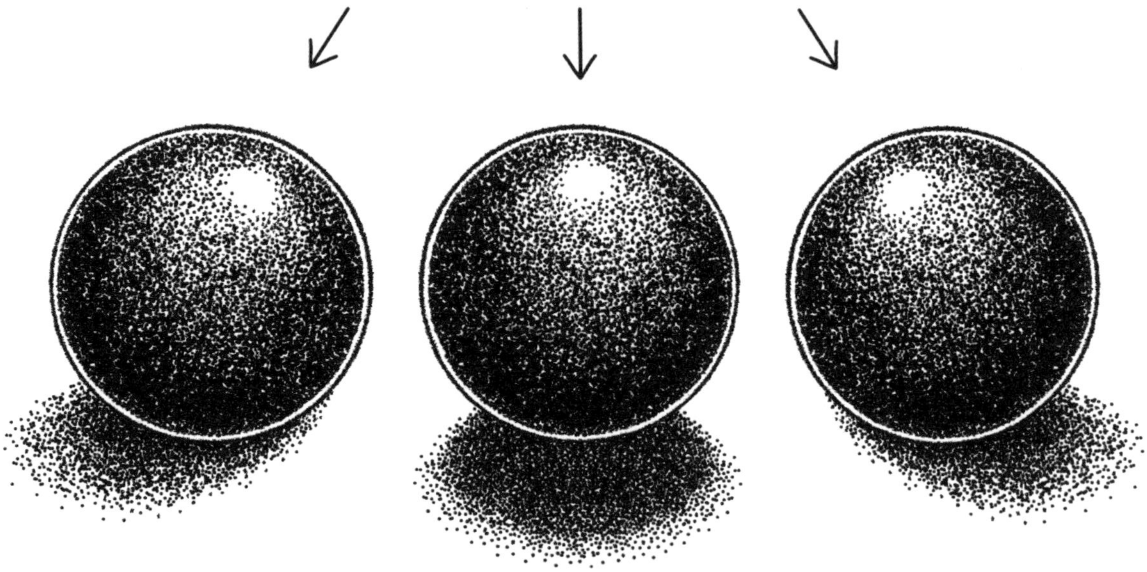

Befindet sich die Lichtquelle rechts oben, fällt der Schlagschatten nach links unten

Scheint die Lichtquelle direkt von oben auf das Objekt, wirft es einen Schatten direkt mittig nach unten

Befindet sich die Lichtquelle links oben, fällt der Schlagschatten nach rechts unten

Schattieren mit Schraffur

Um Schatten zu zeichnen oder auch um verschiedene Tonwerte zu erzeugen, kannst du mit Finelinern, genau wie mit allen anderen Stiften, die Technik der Schraffur anwenden.

Lass uns genauer anschauen, wie eine Schraffur funktioniert: Sie besteht aus vielen einzelnen Linien, die parallel nebeneinander gezogen werden. Je größer der Abstand zueinander, desto heller erscheint die Fläche. Verringerst du den Abstand, erscheint die Fläche dunkler. Die Winkel können dabei variieren, nur untereinander sollten die Linien immer parallel sein.

Bei der Kreuzschraffur wird eine zweite Lage paralleler Linien über die erste Lage der Schraffur gezeichnet. Dabei kannst du sowohl statische Linien nutzen als auch Linien, die sich der Form des Gegenstandes anpassen.

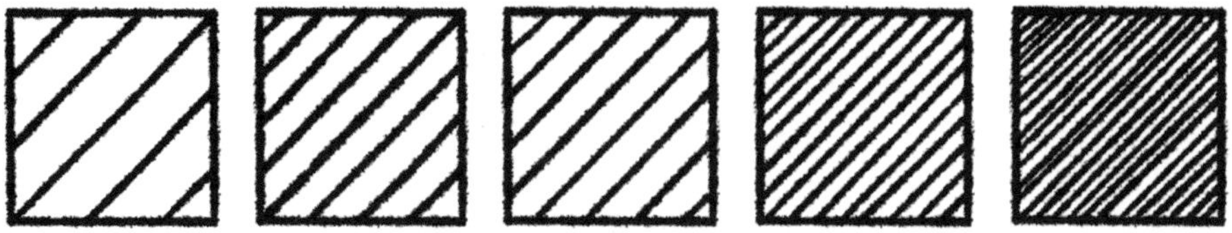

Verschiedene Tonwerte werden durch unterschiedliche Abstände der parallelen Linien erzeugt. Große Abstände erzeugen einen helleren Tonwert, da sie mehr Weißraum lassen. Je kleiner die Abstände ausfallen, desto dunkler der Tonwert

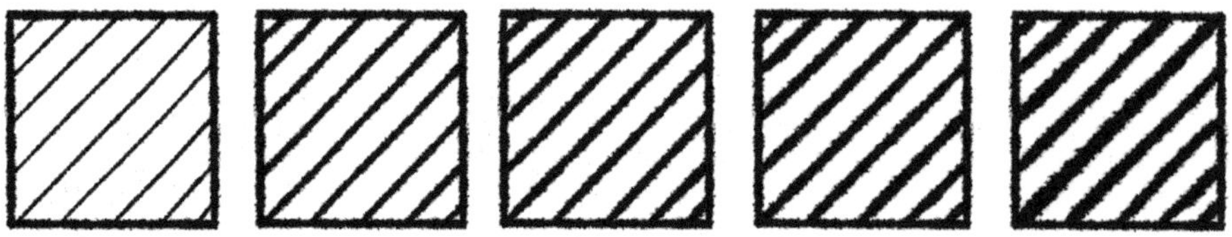

Die Linienstärke kann ebenfalls dazu beitragen, ob die Fläche einen helleren oder dunkleren Tonwert besitzt. Strichstärken mit größerem Wert erzeugen bei gleichem Linienabstand eine dunklere Fläche als helle.

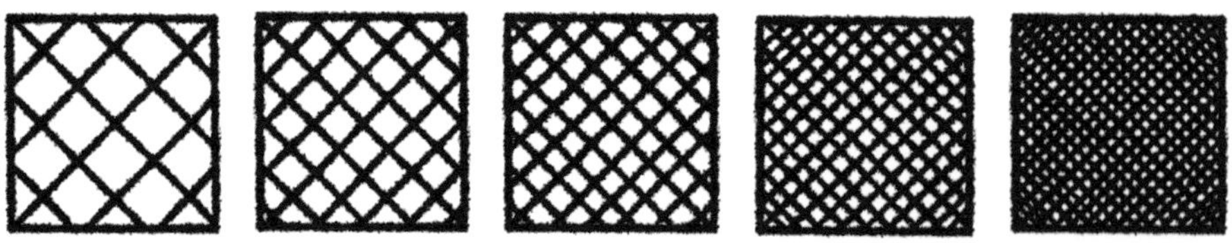

Die Kreuzschraffur kannst du ebenfalls mit einem helleren oder dunkleren Tonwert zeichnen, indem du entweder größere oder kleinere Abstände zwischen den parallelen Linien lässt.

Möchtest du einen Verlauf erzeugen, solltest du die dunkleren Stellen stärker schraffieren als die hellen.

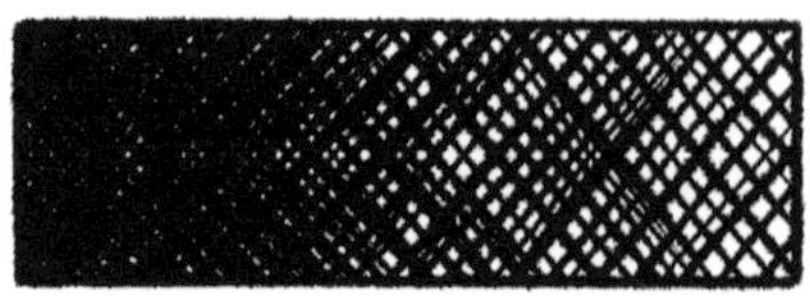

Dasselbe Prinzip gilt bei der Kreuzschraffur, deren Winkel du variieren kannst.

Schattieren mit Punkten

Auch mit Dotwork kannst du Flächen oder Gegenstände schattieren. Bei dieser Schattierungstechnik verwendest du viele kleine Punkte, um verschiedene Tonwerte zu erzeugen. Achte stets darauf, dir genug Zeit zu nehmen, saubere Punkte zu setzen, denn nur dann sieht das Ergebnis einheitlich aus. Auch rate ich dir, dafür nur eine Strichstärke zu verwenden, da die Punkte sonst keine durchgängig zusammenpassende Fläche ergeben.

Es ist auf jeden Fall eine sehr zeitintensive Tätigkeit – deswegen nimm dir bewusst die Zeit dazu. Wenn du dich bewusst darauf einlässt, größere Flächen zu tüpfeln, kann das super entspannend und fast schon meditativ wirken. Wenn du magst, kannst du nebenher Serien oder Filme laufen lassen oder Musik und Hörbücher hören.

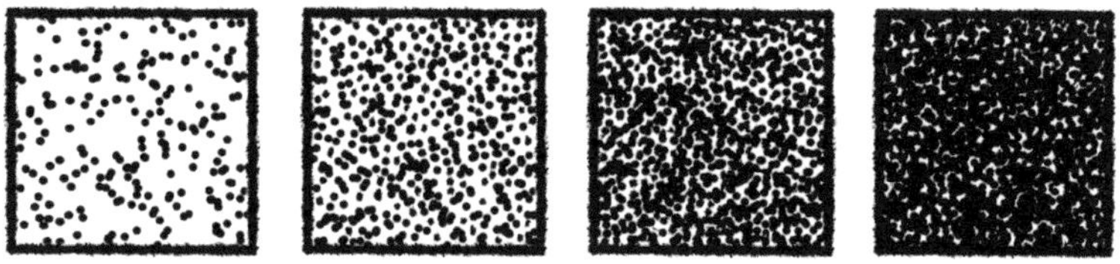

Bei der Schattierung mit Punkten kommt es, genau wie bei der Schraffur mit Linien, auf Abstände und Größe der einzelnen Punkte an. Erhöht sich die Dichte und Anzahl der Punkte, wird die Fläche dunkler. Bei größerem Abstand erscheint sie heller.

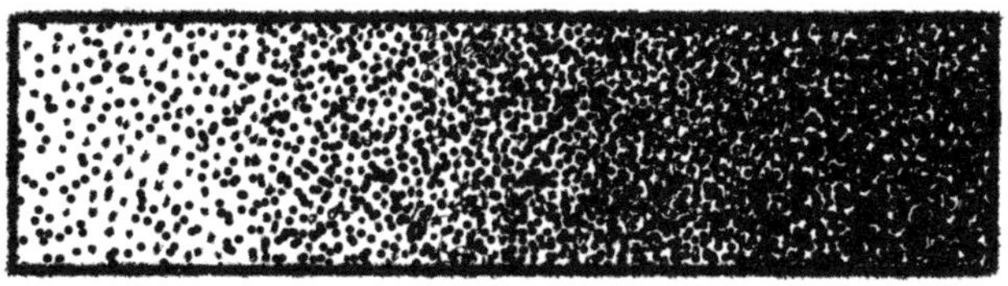

Mit dieser Technik lassen sich tolle Verläufe erzielen. Arbeite am besten von hell nach dunkel. Verdichte die dunkleren Flächen immer weiter, bis das gewünschte Ergebnis erzielt wurde.

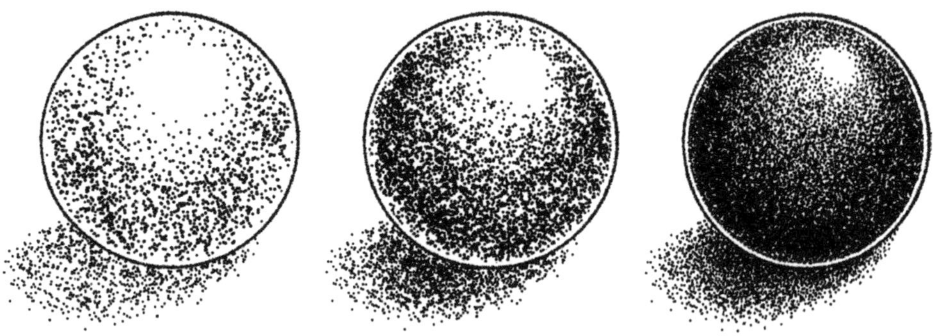

An diesem Beispiel kannst du sehen, dass von hell nach dunkel gearbeitet wurde. Auch Lichtreflexe und Schatten wurden beachtet. Die Ergebnisse werden umso präziser, je detaillierter und sorgfältiger du zeichnest.

Lichtreflexe

Wo Schatten ist, ist auch Licht, das darfst du nicht vergessen. Viele Gegenstände reflektieren das Licht und besitzen dort, wo das Licht direkt auftrifft, ein Glanzlicht oder Lichtreflex, der sich an dem Objekt und dessen Kanten und Rundungen orientiert. Zeichne den Lichtreflex am besten vorher mit Bleistift ein und lass ihn beim Ausmalen der umliegenden Fläche frei.

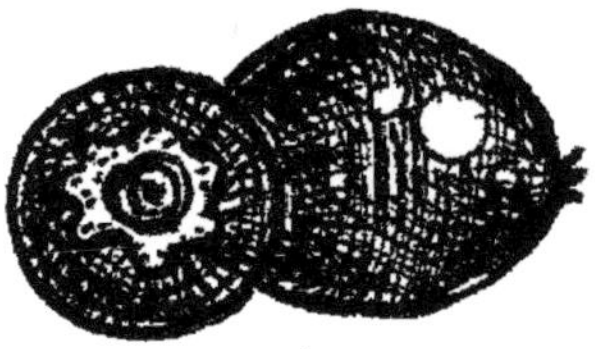

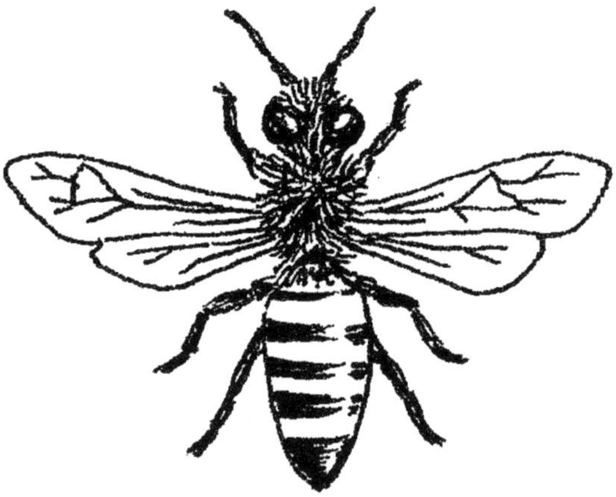

Sternenhimmel auf zwei Arten

Ein Sternenhimmel ist faszinierend – du kannst ihn in deinen Motiven auf zwei Arten zaubern. Bei der klassischen Methode wird die Fläche, die weiß bleiben soll, ausgespart. Ziehe dafür die Konturen der Sterne mit einem Fineliner nach. Entweder füllst du dann direkt mit einem dickeren Fineliner die Fläche zwischen den Sternen oder du umrandest die Sterne zuvor nochmals mit dem ersten Fineliner, um die Kontur zu stärken. Mit dem Zwischenschritt kannst du sichergehen, dass die spitzen Kanten gut erhalten bleiben. Generell empfiehlt sich diese Methode für größere Flächen.

Mit einem weißen Gelstift lassen sich Highlights setzen, feine Lichtreflexe oder eben auch Sterne zeichnen. Male den Himmel komplett mit Fineliner aus. Nimm dann den Gelstift und ziehe die Konturen der großen Sterne nach. Kleine Punkte für die restlichen Sterne kannst du bereits dazwischensetzen. Male zum Schluss die Sterne aus.
Diese Methode geht zwar schneller als die erste, ich persönlich nutze Gelstifte aber nicht sehr häufig, da mir deren Tinte zu ungleichmäßig verläuft. Aber das ist komplett subjektiv, ich empfehle auch hier: einfach ausprobieren!

Textur und Muster

Ob ein Objekt weich oder hart, glatt oder rau ist oder eine einzigartige Struktur besitzt, lässt sich gut veranschaulichen. Wellige, geschwungene Linien weisen eher auf weiche Oberflächen oder Wasser hin, während spitze Kanten und gezackte Linien harten Gegenständen Ausdruck verleihen können.

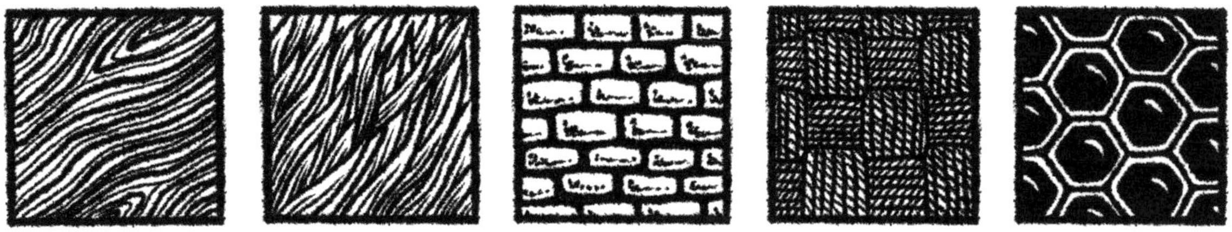

Mit Mustern werden sich gleichförmig wiederholende Strukturen dargestellt. Es gibt sie in jeder erdenklichen Form und sie lassen sich als Stilmittel verwenden.

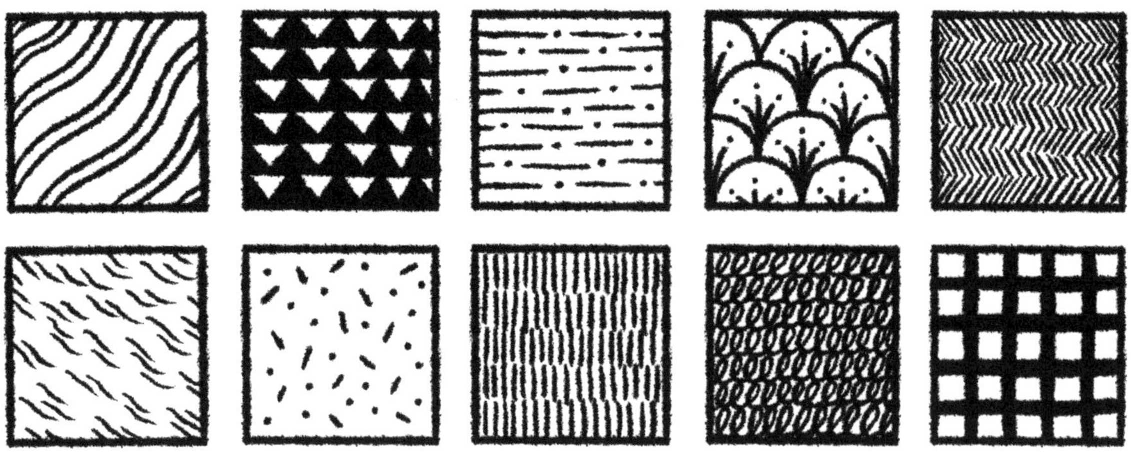

Techniken kombinieren

Alle Techniken, die ich dir gerade vorgestellt habe, können in einer Zeichnung Hand in Hand gehen. Natürlich kannst du dich auch nur für eine davon entscheiden. Manche Techniken mag man lieber als andere, das ist ganz normal und du wirst am besten merken, was dir gefällt und deinem Stil entspricht.

An diesem Beispiel kannst du sehen, wie viele verschiedene Techniken sich problemlos miteinander kombinieren lassen, um einer Illustration Tiefe zu geben.

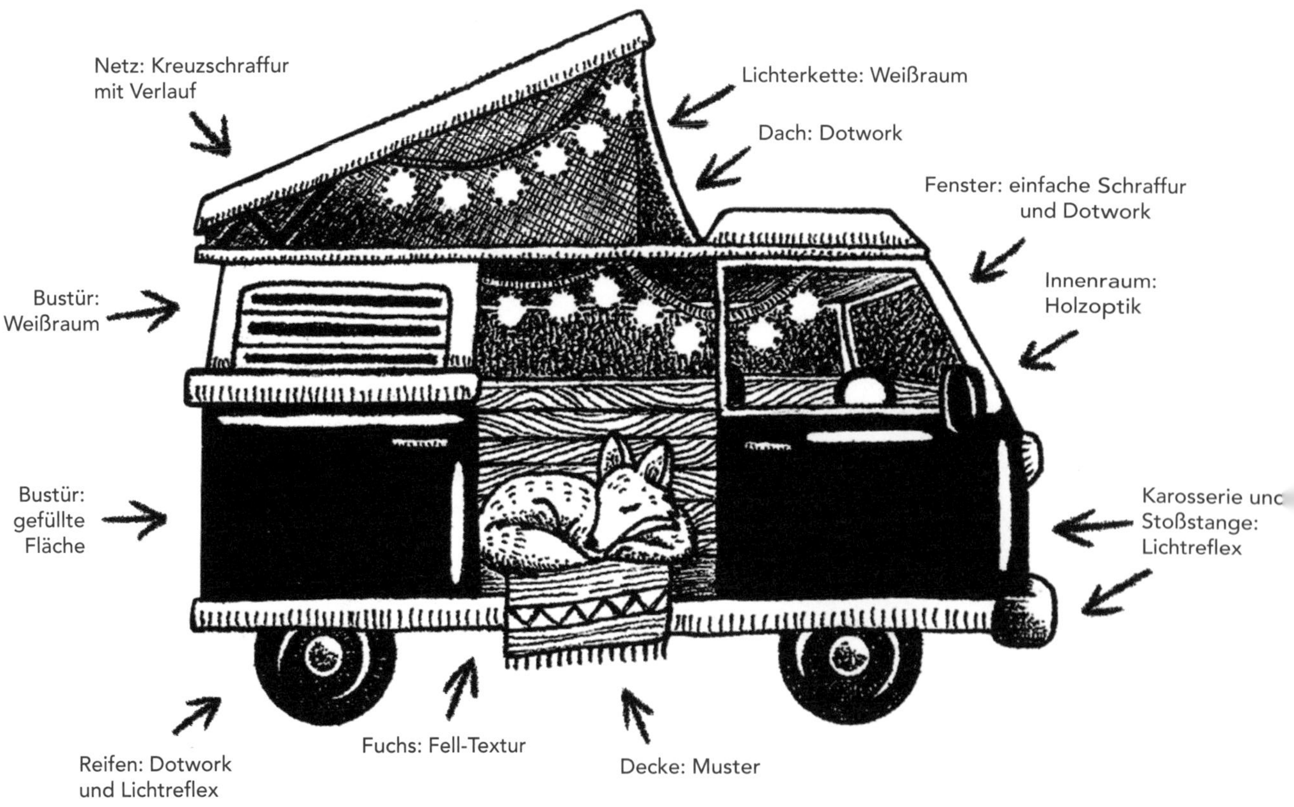

Weißraum

Ein wichtiges Hilfsmittel beim Zeichnen in Schwarzweiß ist der Weißraum, der hilft, Formen zu erkennen. Du kannst Objekte indirekt darstellen, indem du ihre Fläche weiß oder schwarz lässt, anstatt sie mit Details zu füllen. Zeichne dafür am besten die Kontur des jeweiligen Objekts und fülle dann erst die Fläche drumherum.

An den folgenden Zeichnungen lässt sich gut erkennen, wie der Weißraum funktioniert.

Beim linken Bild sind keinerlei Details in die Kontur des Fuchses gezeichnet – trotzdem sieht man, dass dort ein Fuchs sitzt.

Bei der Illustration auf der rechten Seite wurden die Formen negativ gezeichnet. Das heißt, die Fläche, die normalerweise weiß wäre, wie der Mond, ist ab dort, wo der Mond den hellen Hintergrund berührt, schwarz. Auch erkennt man, dass das Layout ein Kreis ist, obwohl kein durchgezogener Rahmen existiert.

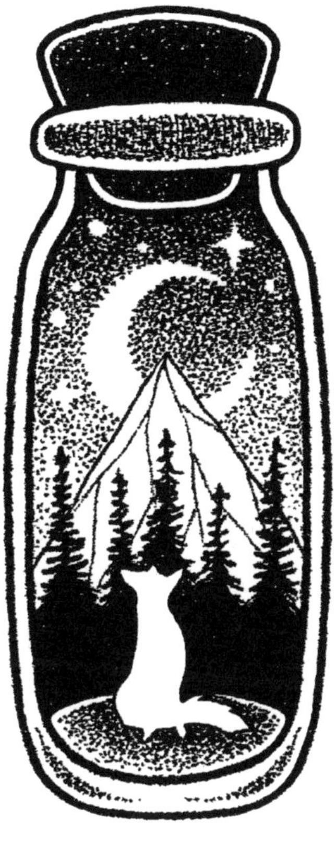

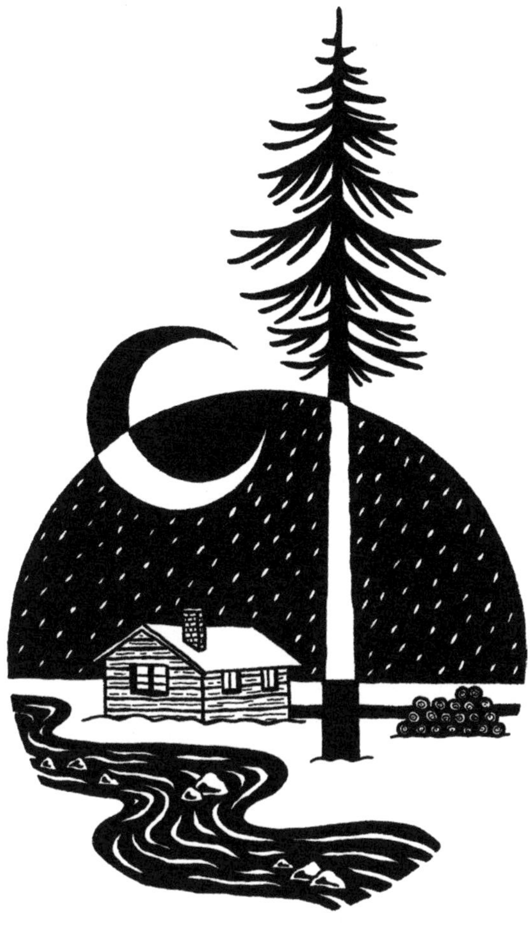

Silhouette

Eine Silhouette ist eine gezeichnete Kontur. Dabei werden die Umrisse des Objekts nachgezeichnet, das Objekt selbst hingegen nicht weiter detailliert dargestellt. Ich persönlich nutze Silhouetten sehr gern, um sie mit meinen kleinen Welten zu füllen.

Die Silhouette des Bären erkennt man auch ohne viele Details. Der Bildrahmen sieht zudem wie eine geschlossene Form aus, da bis an die Ränder der Kontur gezeichnet wurde.

Der Wolf ist aufgrund seiner Silhouette gut erkennbar. Die Silhouette füllt eine vom Wolf unabhängige Camping-Szenerie.

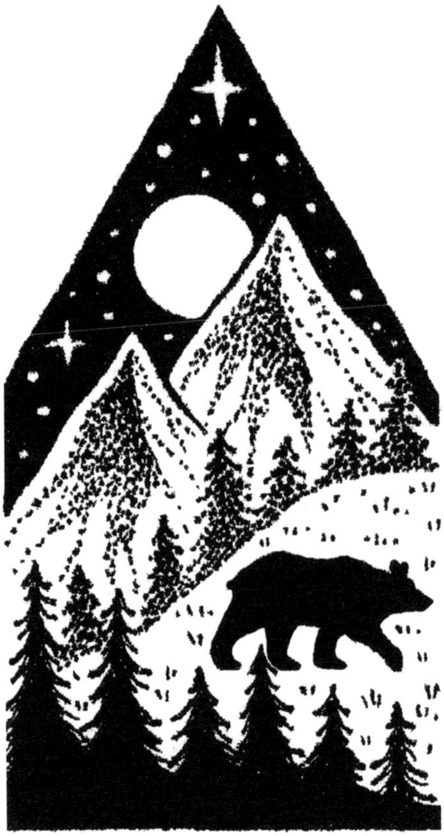

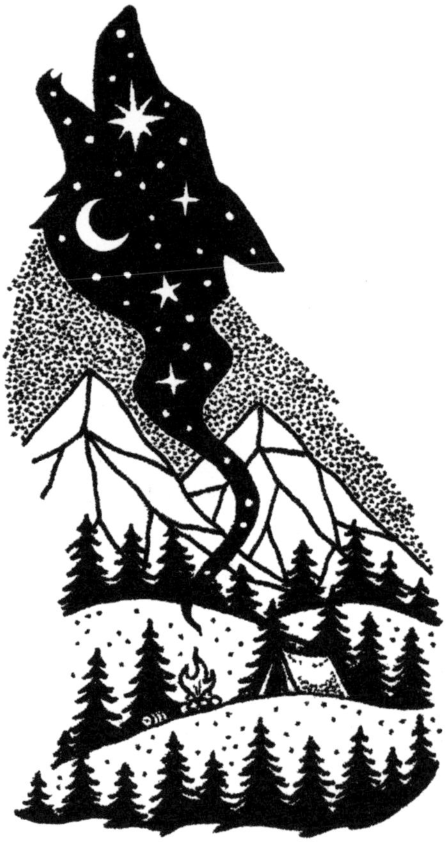

Geometrische Elemente

Quadrate, Rechtecke, Dreiecke, Ovale und viele andere geometrische Formen kommen beim Zeichnen mit Finelinern gern bei minimalistischen Stilen zum Einsatz. Am besten zeichnet man die Formen mit Hilfsmitteln, sodass die Linien präzise werden. Bei geraden Linien eignen sich dafür Lineal und Geodreieck, bei Kreisen der Zirkel und für einige Formen gibt es tolle Schablonen.

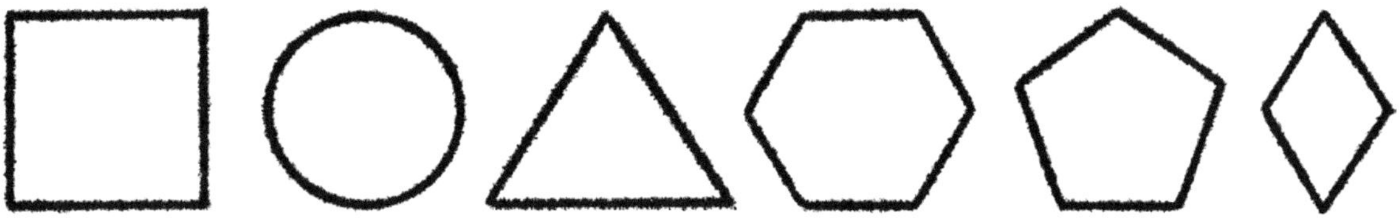

Du kannst diese Formen vielfältig einsetzen: Im ersten und dritten Beispiel wurde die Silhouette der Raute als Rahmen verwendet, bei der mittleren Illustration wurden Blumen in deren Form gebracht.

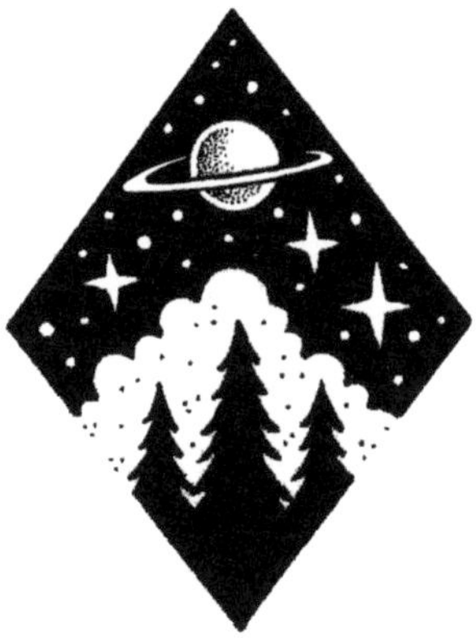

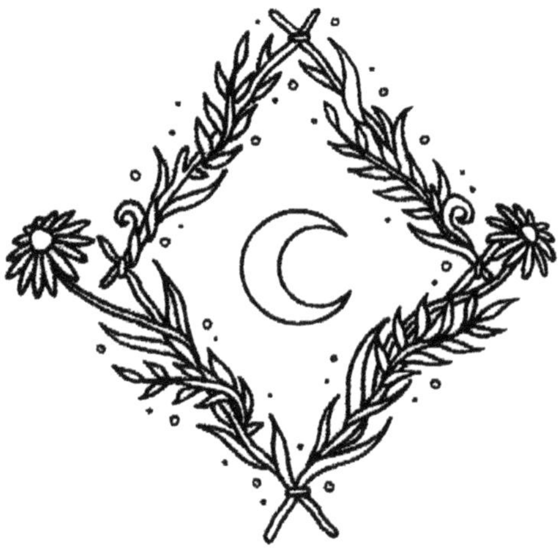

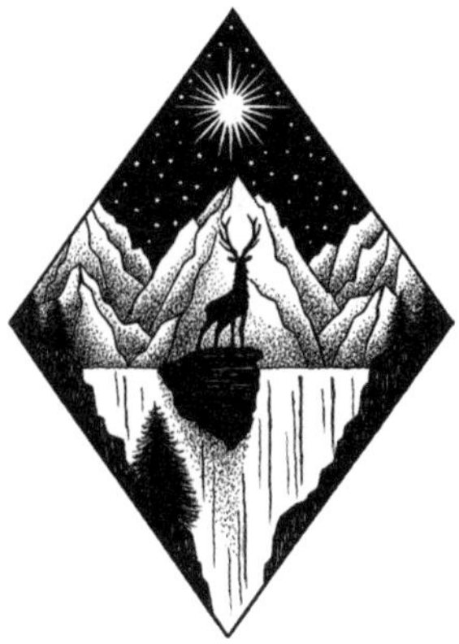

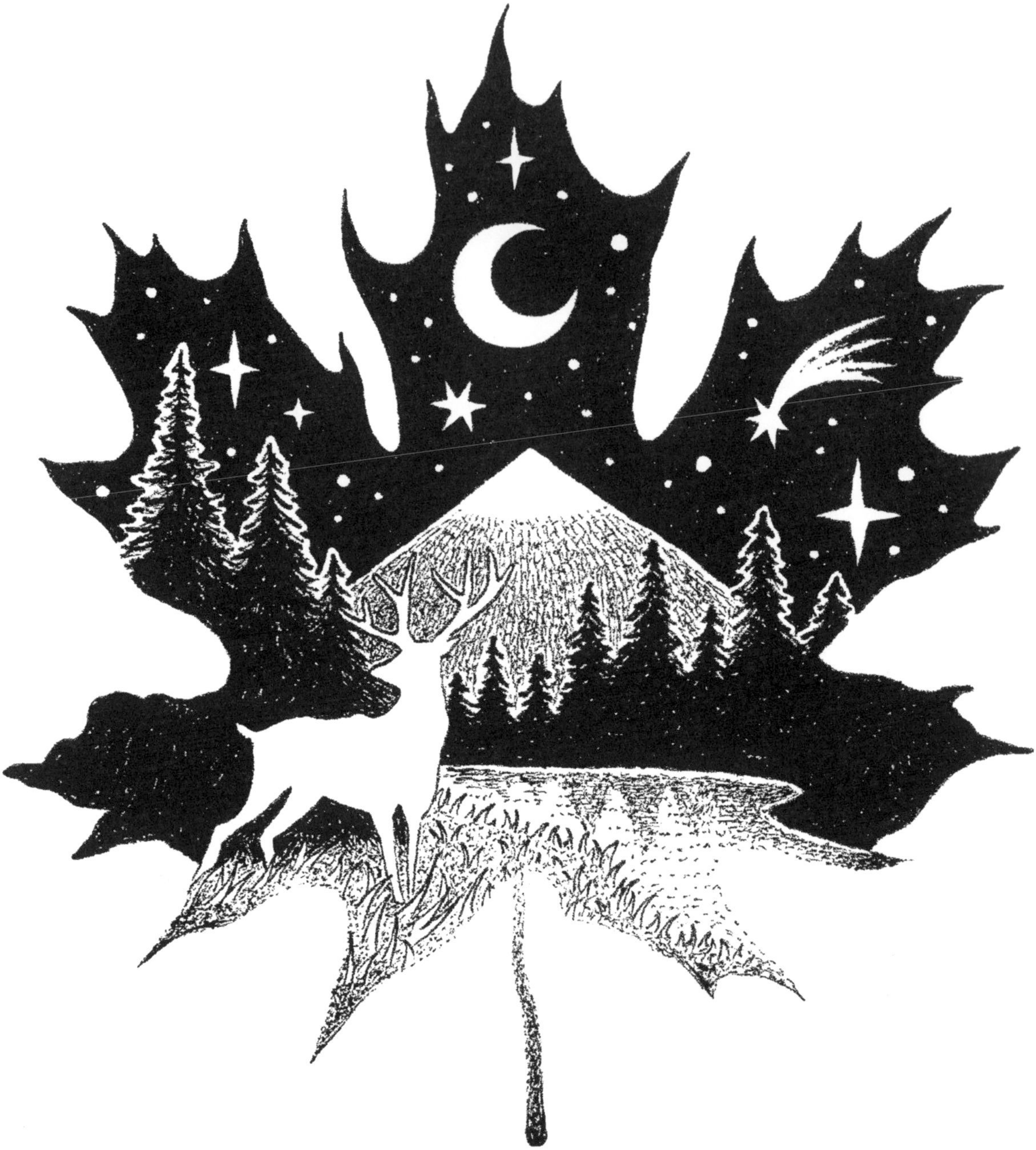

Inspiration und **eigener Stil**

Wie du auf den letzten Seiten gesehen hast, gibt es jede Menge Techniken, mit denen du arbeiten kannst. Sobald du mit Finelinern und Techniken vertraut bist, stehen dir alle Möglichkeiten offen und du kannst deiner Kreativität freien Lauf lassen.

Genauso vielfältig, wie es die Techniken sind, sind die Stile anderer Künstler*innen. Lasse dich gern davon inspirieren! Gerade auf Instagram findet man sehr viele Illustrator*innen, die mit Finelinern zeichnen. Denke aber daran, wenn du deren Bilder als Vorlage nimmst, immer zu versuchen, deine eigenen Versionen zu erschaffen. Bestenfalls bist du deine eigene Inspiration und beziehst Dinge ein, die dir gefallen.

Viele meiner Zeichnungen besitzen beispielsweise einen Nachthimmel, das hat sich im Laufe der Zeit zu einem meiner Stilmittel entwickelt. Auch wenn du in den folgenden Schritt-fürSchritt-Anleitungen oft einen Nachthimmel vorfindest, heißt das nicht, dass das in deinen Zeichnungen auch der Fall sein muss. Am besten probierst du möglichst viele Sachen selbst aus und findest heraus, was dir persönlich am besten liegt.

Mit der Zeit wird sich für dich ein eigener Weg herauskristallisieren, denn du wirst merken, welche Techniken dir mehr liegen und welcher Stil zu dir passt. Mach also einfach dein Ding und finde heraus, was dir am besten gefällt. Denn nur, wenn du Spaß an der Sache hast, wirst du dein volles Potenzial entfalten können.

Lass dich bitte nicht verunsichern, wenn die Ergebnisse anfangs nicht komplett akkurat sind. Das ist vollkommen normal, wenn man mit einem neuen Medium beginnt. Konstantes Zeichnen ist dabei der Schlüssel zum Erfolg, du wirst sehen, wie schnell du dich verbesserst.

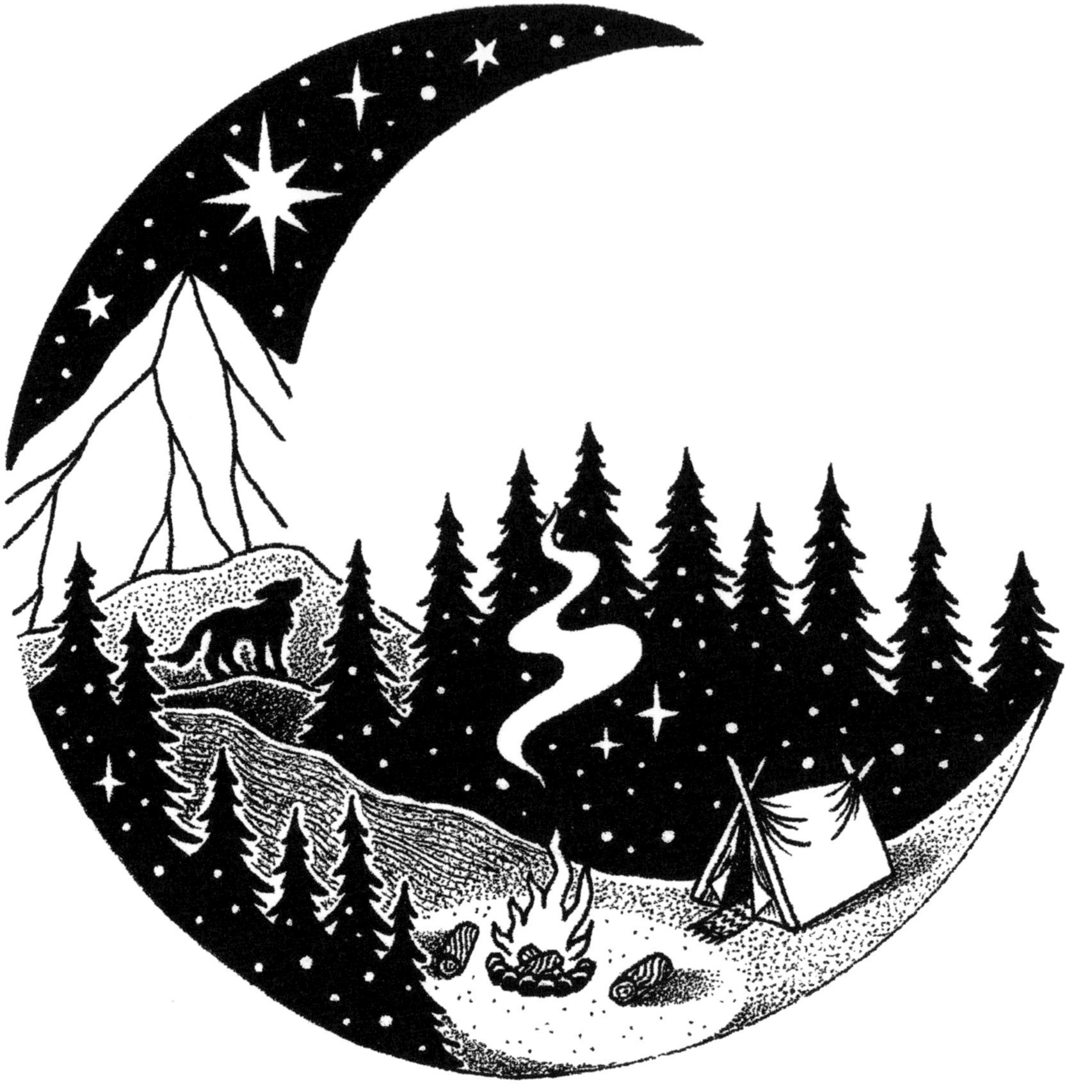

Projekte

Nachdem du einen ausgiebigen Blick auf die einzelnen Materialien und Techniken geworfen hast, ist es an der Zeit, dass du dein Wissen anwendest. Mit 15 ausführlichen Schritt-für-Schritt-Anleitungen übst du, die verschiedenen Techniken umzusetzen. Die Anleitungen helfen dir zudem, ein Gefühl dafür zu entwickeln, wie du deine Fineliner-Zeichnungen aufbaust.

THE MOUNTAINS ARE CALLING **AND I MUST GO**

Für viele Menschen sind Berge ein Symbol für Freiheit. Angesichts ihrer überwältigenden Größe fühlen wir uns manchmal ganz schön klein. Ich finde das jedes Mal aufs Neue atemberaubend – deshalb wollte ich die Berge mit dieser Zeichnung nach Hause holen. Das weltberühmte Zitat stammt übrigens aus einem Brief des begeisterten Naturforschers John Muir, den er 1873 an seine Schwester geschrieben hat.

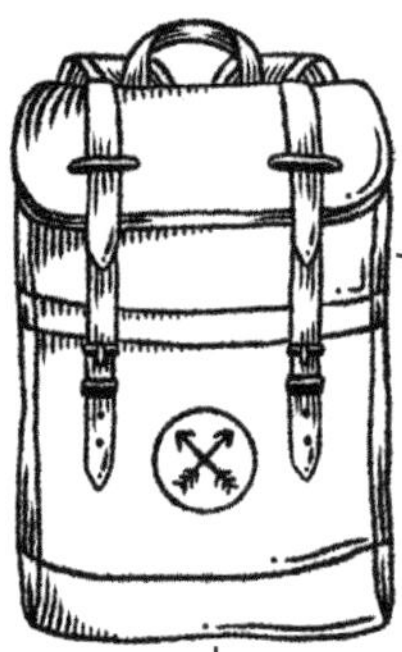

DU BRAUCHST:

Papier

Bleistift

Radiergummi

Geodreieck

Zirkel

Fineliner in den Stärken 0.05, 0.1, 0.2;
z. B. Faber-Castell Ecco Pigment

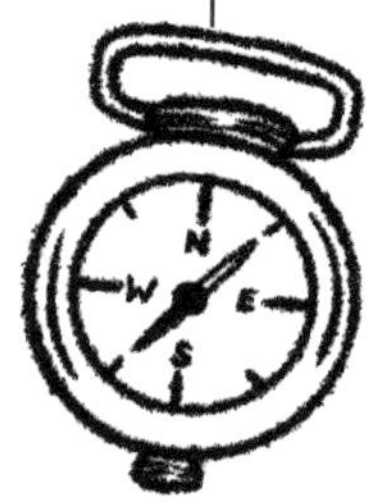

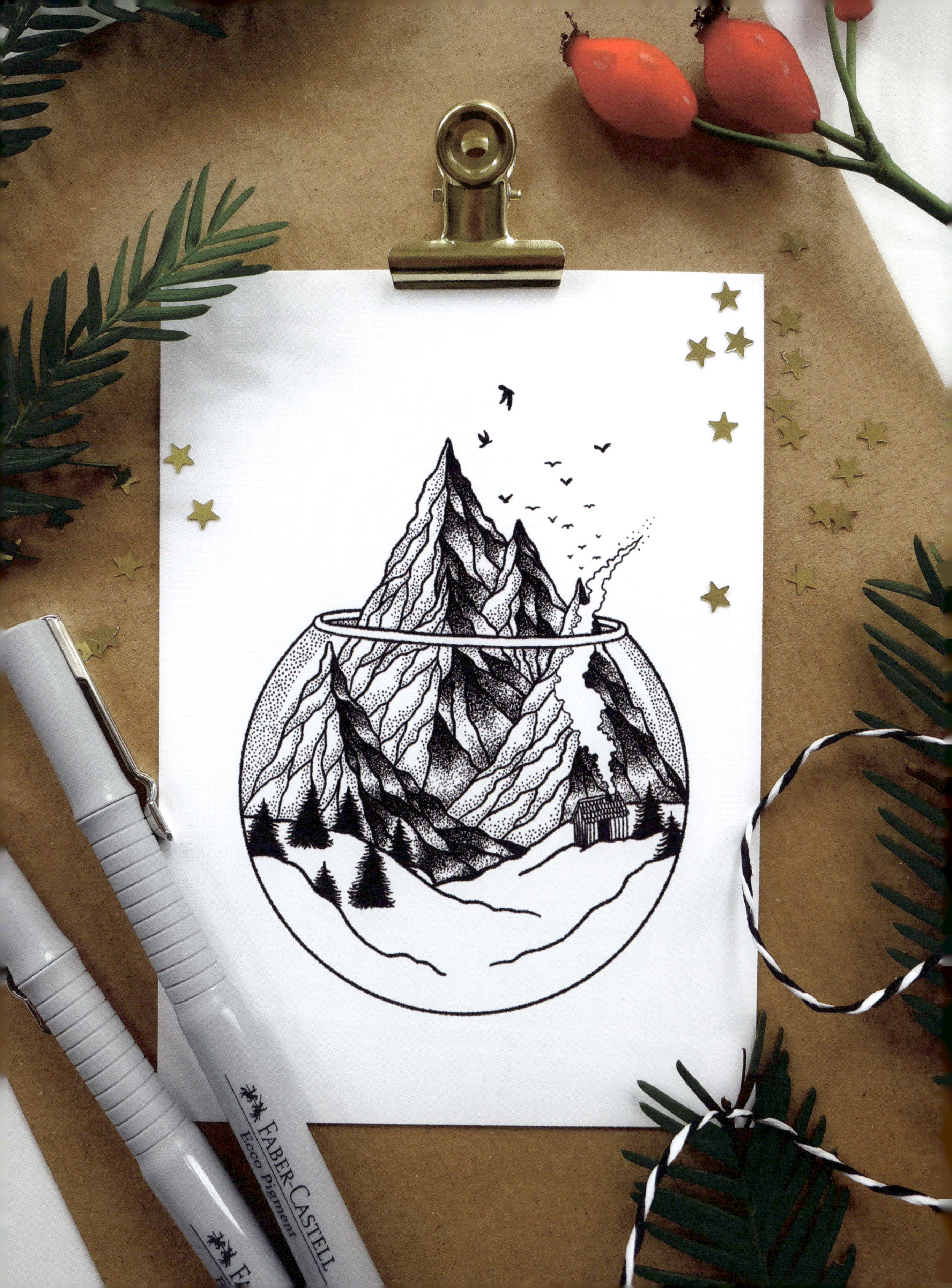
FABER-CASTELL
Ecco Pigment

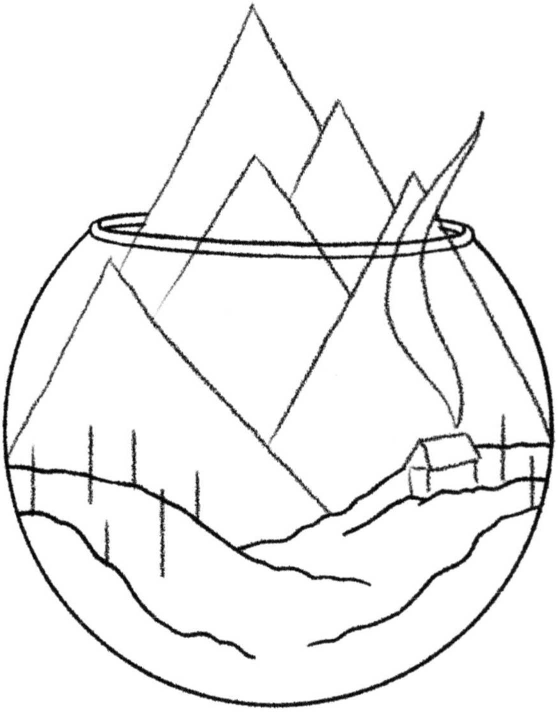

1. Konstruiere zuerst mit Bleistift und Zirkel die Glasform mit ihrer ovalen Öffnung. Skizziere dann eine Schneelandschaft in den unteren Bereich der Kugel und platziere eine kleine Holzhütte darauf. Die Berge sollen schön groß werden, ordne also ein paar Dreiecke über dem Schnee an, sodass die Spitzen der hinteren Berge aus dem Glas herausragen. Außerdem kannst du schon ein paar senkrechte Linien einzeichnen, die im nächsten Schritt zu Bäumen werden.

TIPP

Zeichne zuerst den vorderen Rand der Glasöffnung, damit sie plastischer aussieht.

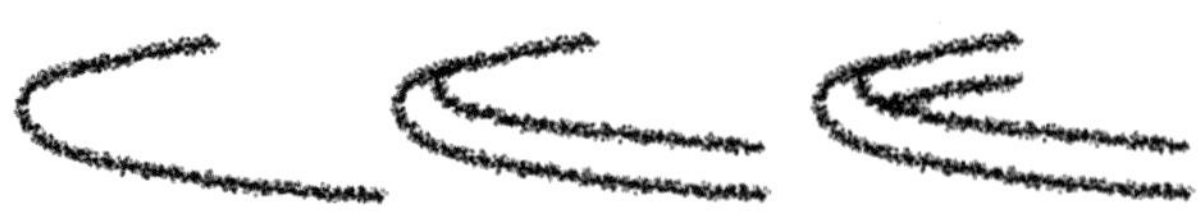

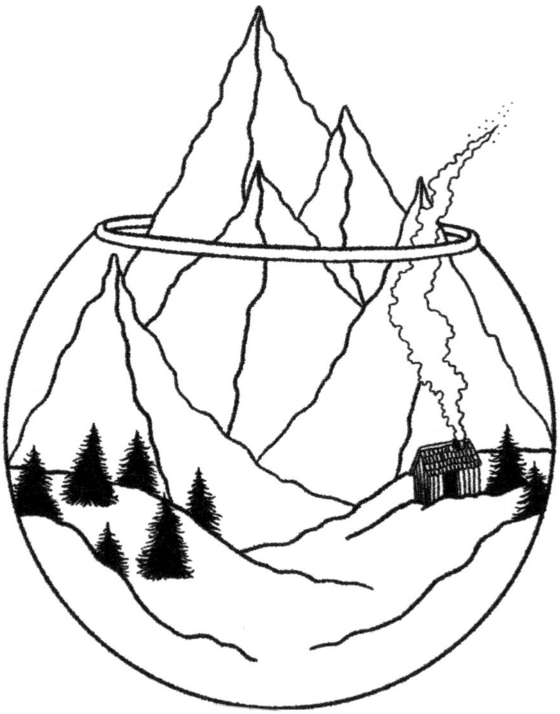

2.

Beginne, mit dem Fineliner in Stärke 0.2 die Outlines der Kugel nachzufahren. Verstärke die Schneelinien im Vordergrund etwas und zeichne die Berge etwas lockerer nach als in der Skizze angedeutet. Deute die Mitte der Berge jeweils mit einer gewellten Linie von der Spitze zum Boden an. Für die Details der Tannen und der kleinen Hütte kannst du den Fineliner in Stärke 0.5 verwenden. Stelle den Rauch aus dem Kamin detaillierter dar. Radiere deine Bleistiftskizze weg, sobald die Tinte getrocknet ist.

TIPP

Zeichne die Hütte von außen nach innen und füge die kleinsten Details und Schattierungen zum Schluss hinzu.

Ziegel kannst du ganz einfach der Reihe nach anordnen.

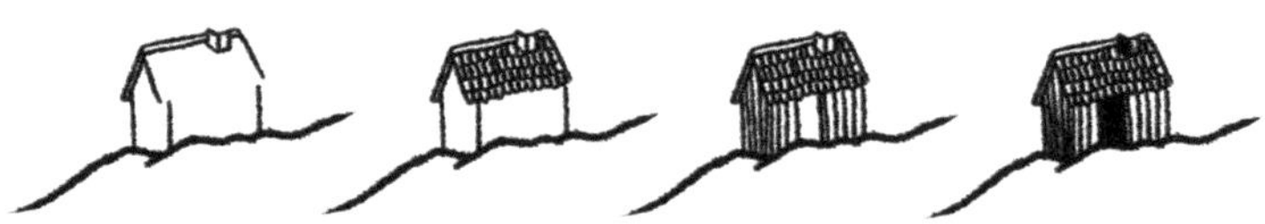

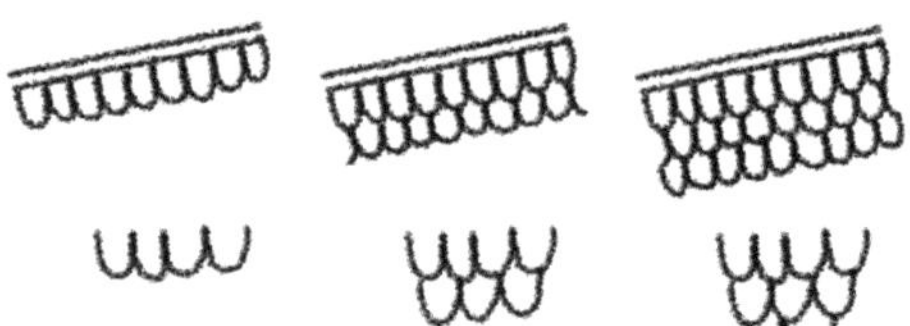

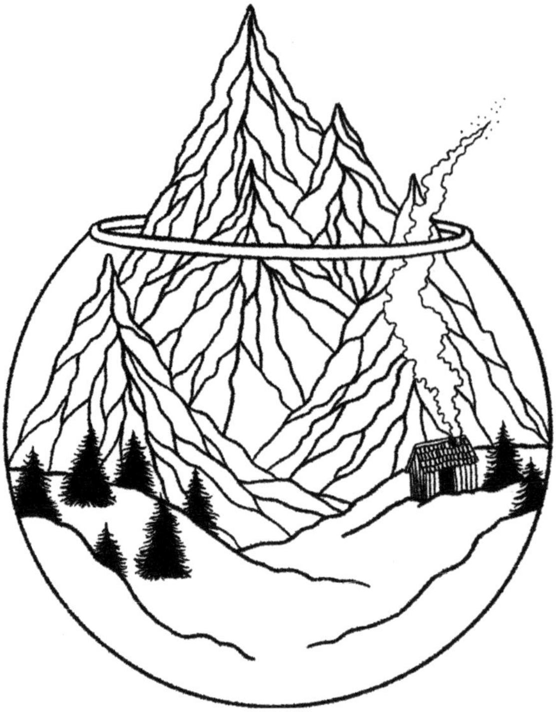

3. Ziehe im Inneren der Berge wellenförmige Linien von der Mitte ausgehend zu den äußeren Seiten. Beginne dabei von oben und arbeite dich nach unten vor.

TIPP

Auch bei den Bergen kannst du dich von den groben Outlines an die Details herantasten: Zeichne diese ruhig mit Bleistift vor.

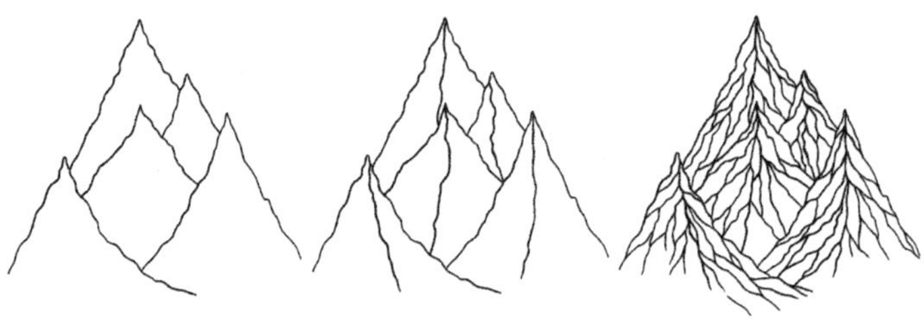

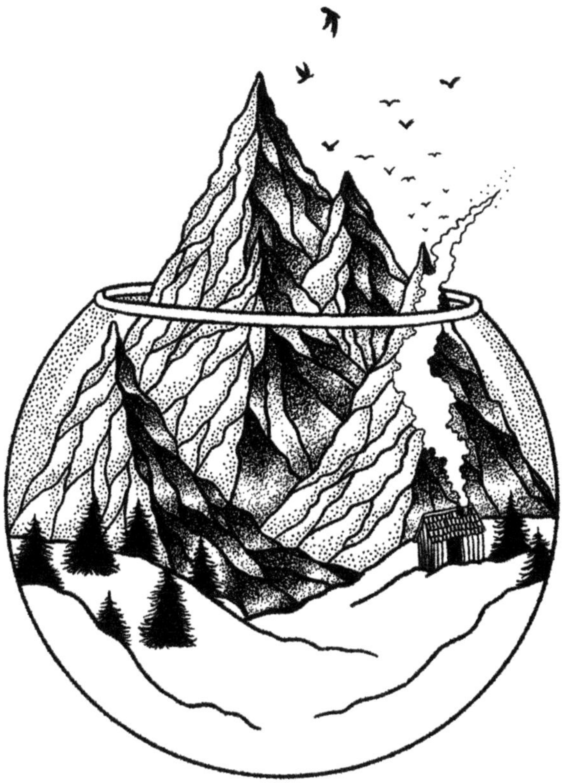

4.

Zeichne mit Bleistift Lichtreflexe auf die Glaskugel. Setze mit dem Fineliner in Stärke 0.1 gleichmäßig kleine Punkte in den Bereich zwischen Bergen und Glaskugel. Die Punkte sollten sich nicht berühren, damit das Glas weiterhin durchsichtig erscheint. Die zuvor gezeichneten Lichtreflexe lässt du dabei aus.
Tüpfel mit dem Fineliner in Stärke 0.1 die einzelnen Formen auf der linken Hälfte der Berge und lass ihnen etwas Weißraum. Achte darauf, die Formen auf der rechten Seite der Berge intensiver zu tüpfeln, damit sie dunkler erscheinen. Um einen schönen Verlauf zu erhalten, kannst du die letzten Punkte mit dem Fineliner in Stärke 0.05 zeichnen. Zeichne zum Abschluss ein paar fliegende Vögel über die Berge und radiere eventuelle Bleistiftstriche weg.

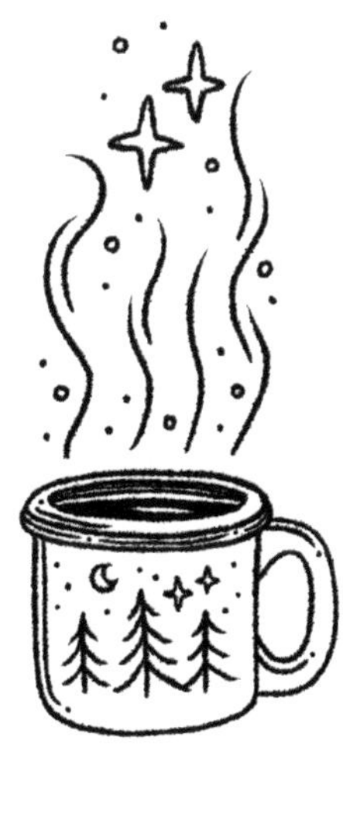

WILD & **FREE**

Die Nacht senkt sich langsam über Berge und Wälder. Ein großer Bär streift durch die Natur. Ich liebe es, Silhouetten von Tieren mit Landschafts-Szenerien zu kombinieren. Daraus entstand die „Night Animals"-Serie mit Bär, Fuchs, Wolf, einer Eule und einem Hirsch. Vielleicht inspiriert es dich zu eigenen Silhouetten-Illustrationen?

DU BRAUCHST:

Papier

Bleistift

Radiergummi

Geodreieck

Kreisschablone

Fineliner in den Stärken 0.1, 0.3;
z. B. Faber-Castell Ecco Pigment

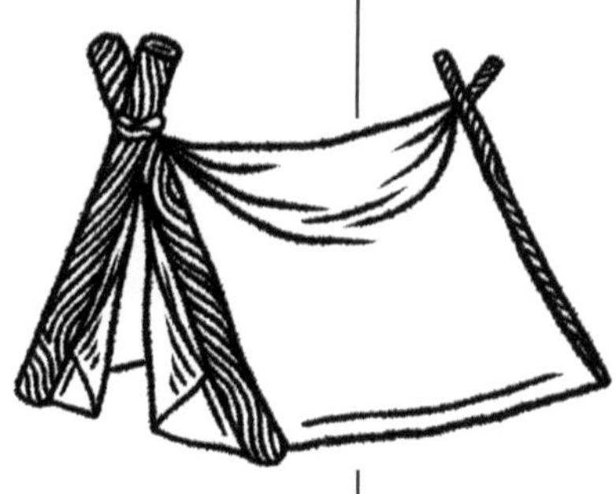

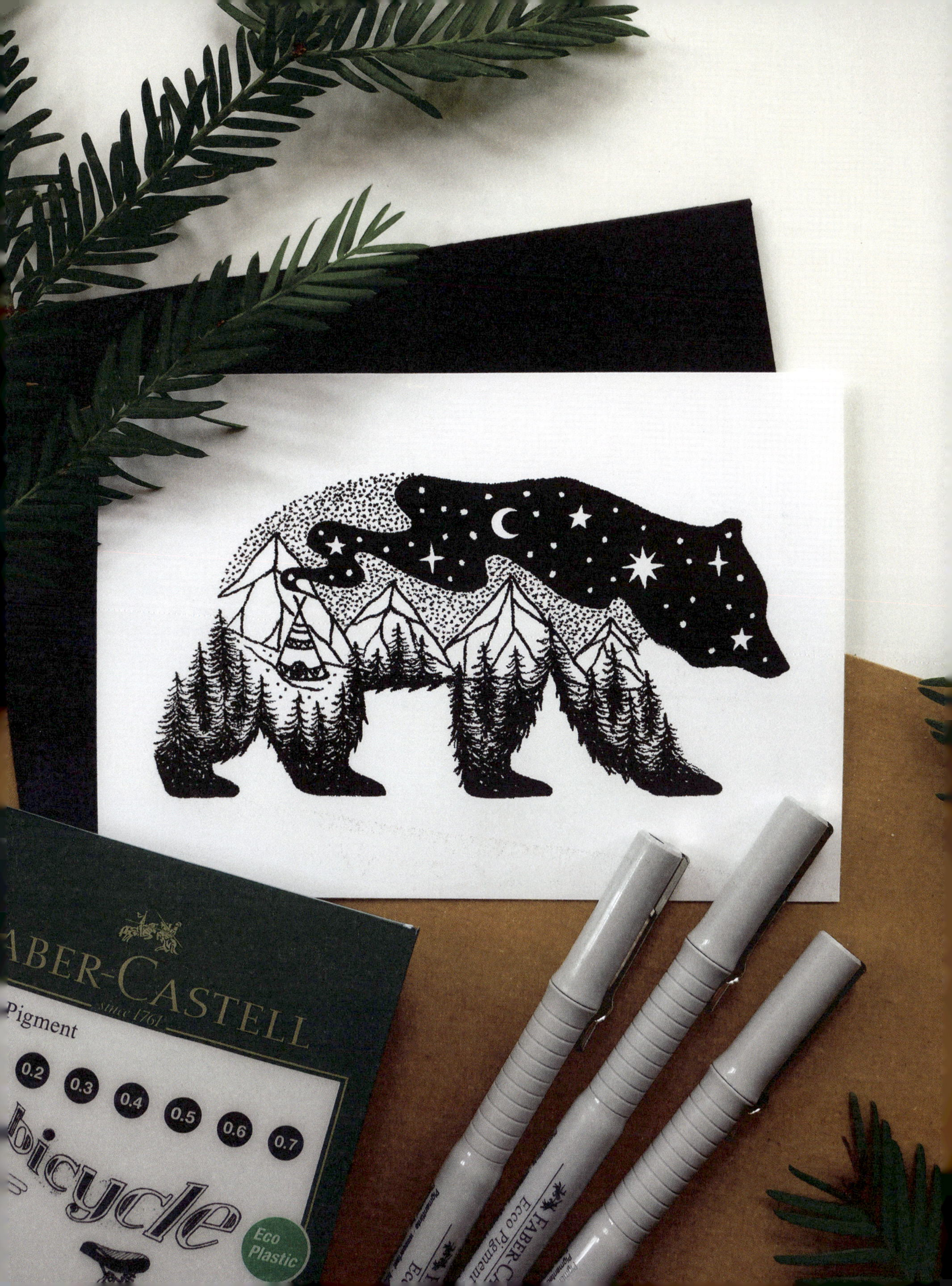
since 1761
Pigment
0.2
0.3
0.4
0.5
0.6
0.7
Eco Plastic
Ecco Pigment

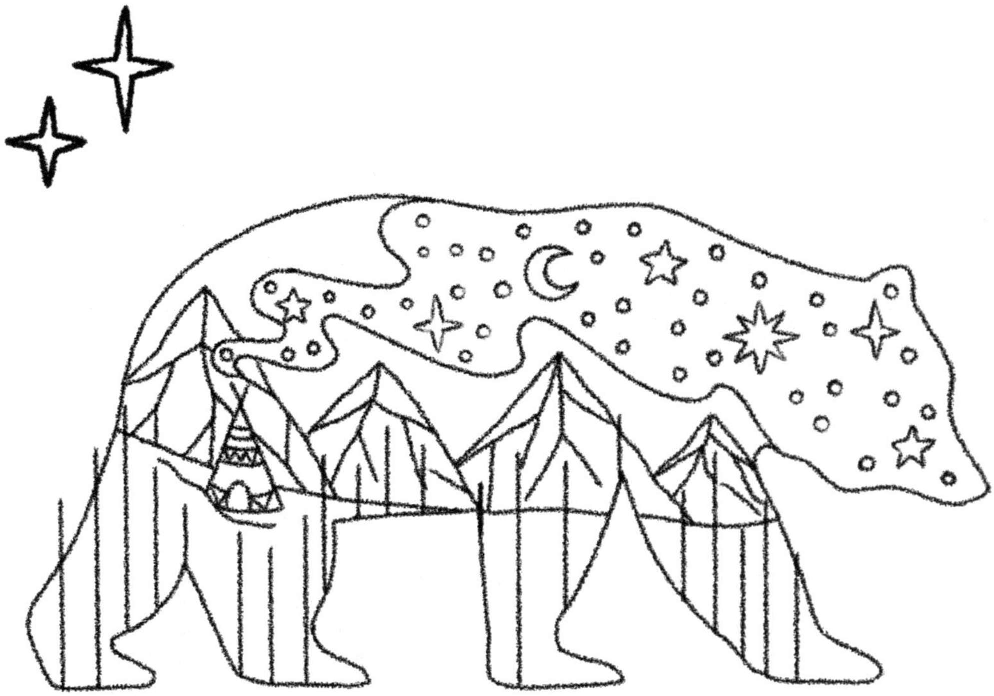

1. Zeichne mit Bleistift eine Bärensilhouette. Füge nach und nach Details hinzu: Beginne mit einem kleinen Zelt auf der linken Seite des Bären und ziehe anschließend eine horizontale Linie dahinter. Eine Bergkette erstreckt sich im Hintergrund, während im Vordergrund Bäume wachsen. Zeichne sie einfach als senkrechte Linien in den Bereich der Beine. Zum Schluss zeichnest du den sich vom Zelt ausbreitenden Sternenhimmel. Für den Mond kannst du die Kreisschablone verwenden.

TIPP

Nutze für Silhouetten die Bildersuche auf Google oder Pinterest. Hast du ein Tier gefunden, das dir gefällt, zeichnest du lediglich die äußeren Umrisse nach. Die Bärensilhouette findest du auch in der Digitalen Bibliothek.

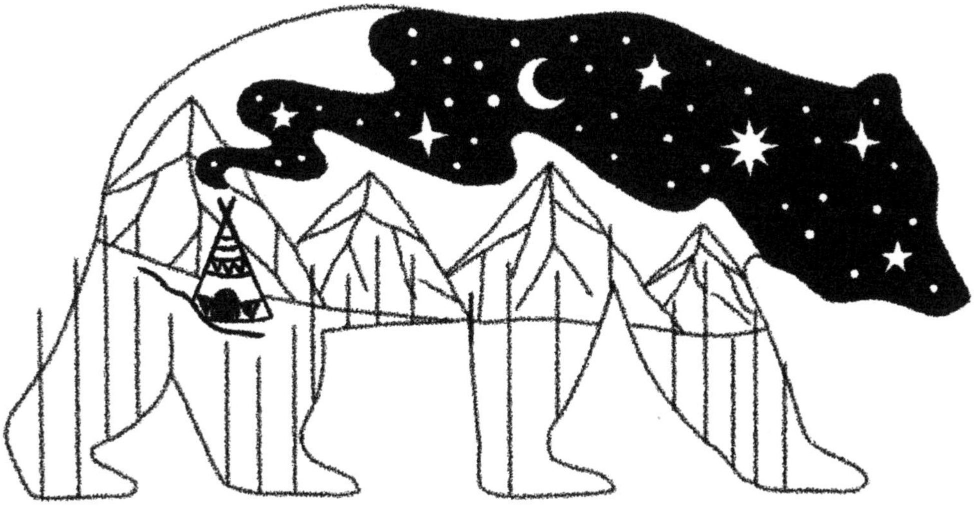

2. Zeichne das Zelt und seine Details mit dem Fineliner in Stärke 0.1. Fülle, nachdem du Mond und Sterne eingesetzt hast, den restlichen Nachthimmel mit dem Fineliner in Stärke 0.3.

TIPP

Zeichne Sterne mit dem Bleistift vor. Fahre ihre Umrisse mit einem dünnen Fineliner nach und fülle die schwarze Fläche außenherum mit einem dickeren Fineliner.

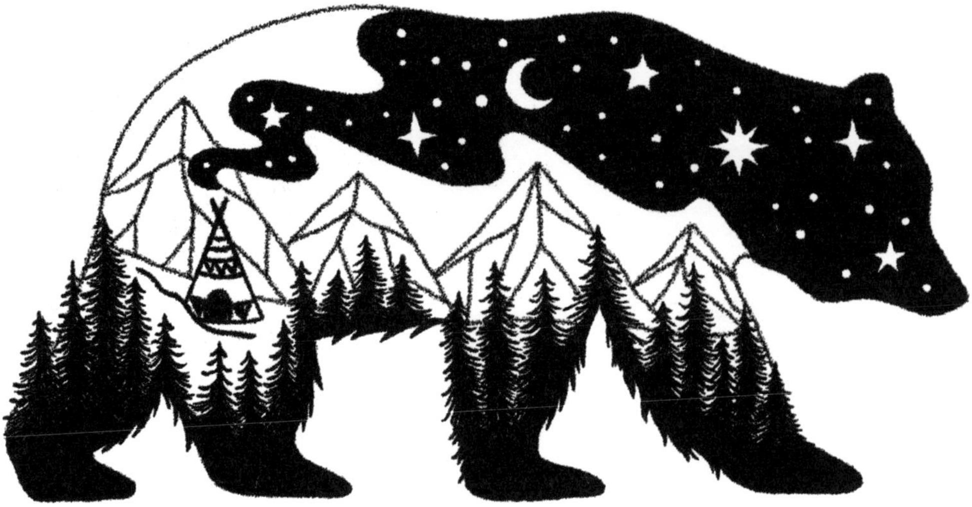

3. Widme dich den Bäumen im Vordergrund mit dem Fineliner in Stärke 0.1. Ziehe zuerst die skizzierten Linien nach und füge dann geschwungene, von oben nach unten länger werdende Linien als Äste hinzu. Lasse die Linien im unteren Bereich der Bäume so ineinanderlaufen, dass eine einheitlich schwarze Fläche entsteht. Gib dann dem Bären mit einzelnen Strichen entlang der Beine und des Bauches ein Fell.

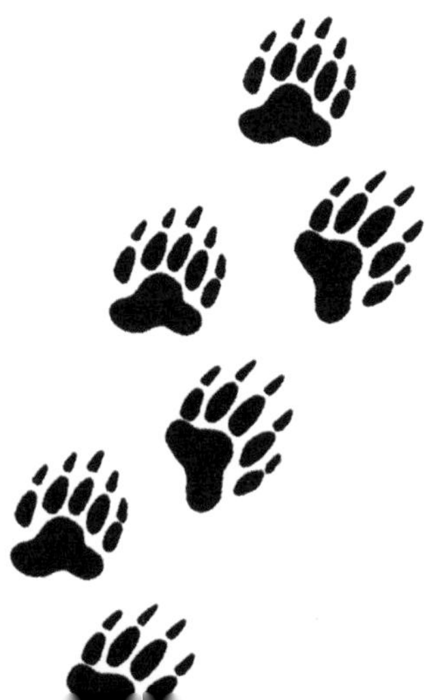

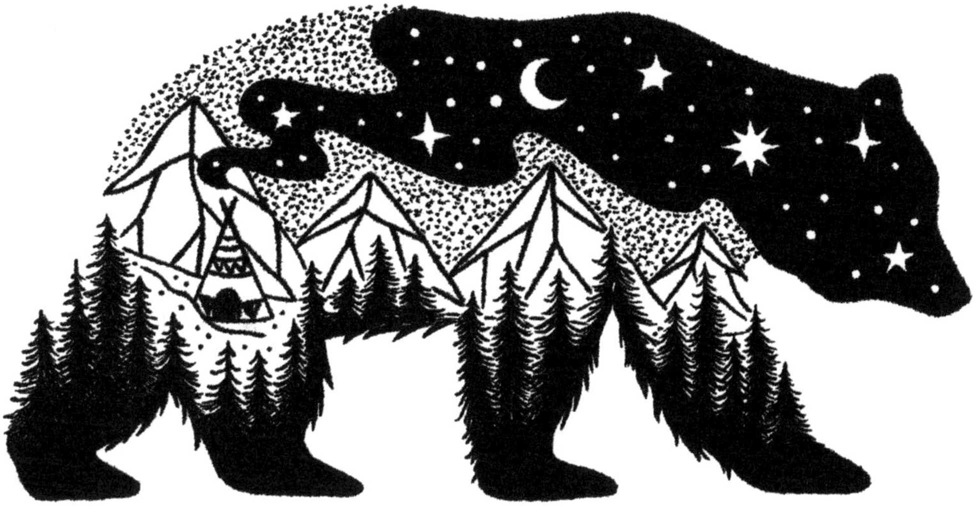

4.

Fahre mit dem Fineliner in Stärke 0.1 die Linie der Berge nach. Setze vereinzelte Punkte auf den Boden um das Zelt herum. Tüpfele zum Schluss sorgfältig die restliche Fläche am Himmel. Die Punkte sollten nicht allzu nah beieinanderstehen, damit ein schöner Kontrast zwischen hellem Himmel und dem dunklen Sternenhimmel zu erkennen ist. Ist die Tinte komplett getrocknet, radiere die übrige Bleistiftskizze vorsichtig weg.

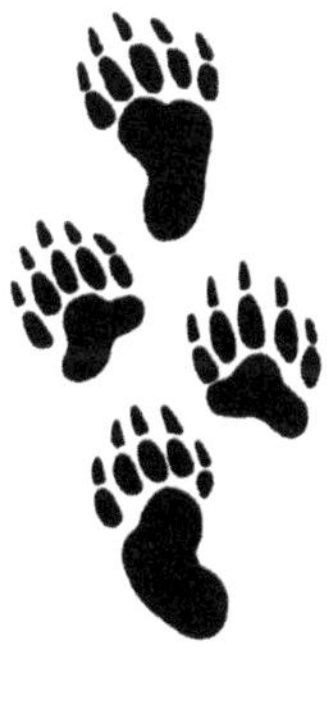

SHOOT FOR **THE STARS**

Auch wenn ich die Kunst des Bogenschießens nicht beherrsche, halte ich doch Pfeile für ein tolles Motiv. Die Illustration verbindet die Nacht mit dem Tag, was einen schönen Kontrast erzeugt. Der Pfeil, der versetzt durch beide Kreise ragt, sorgt zudem für einen besonderen Twist.

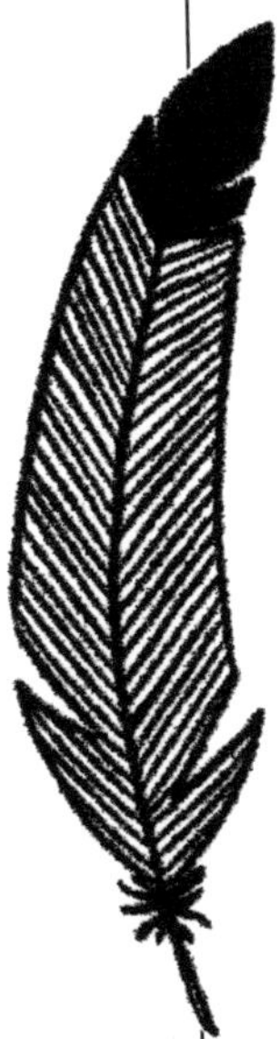

DU BRAUCHST:

Papier

Bleistift

Radiergummi

Geodreieck

Kreisschablone

Fineliner in den Stärken 0.1, 0.3;
z. B. Faber-Castell Ecco Pigment

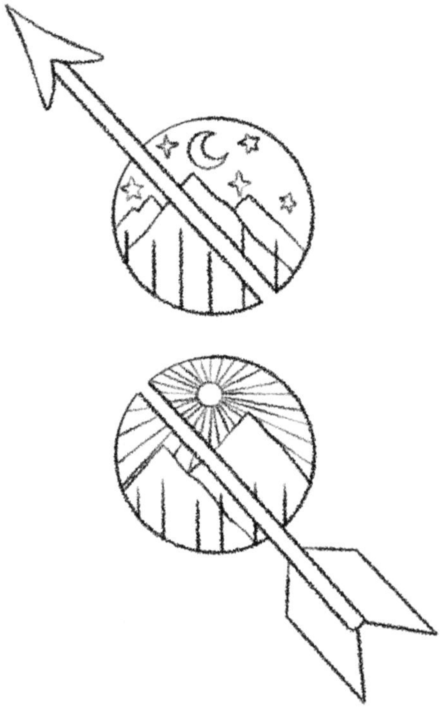

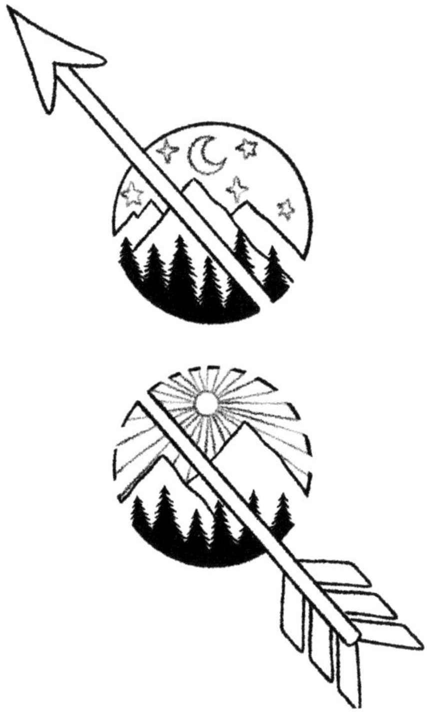

1. Zeichne mithilfe der Kreisschablone zwei gleich große Kreise übereinander. Die Kreise werden jeweils von einer Hälfte des Pfeils durchbrochen. Nimm dein Geodreieck, um den exakt gleichen Winkel des Pfeilschafts einzuzeichnen. Radiere dann vorsichtig die Kreislinien, die vom Pfeil überdeckt werden, weg. Zeichne im oberen Kreis ein paar Berge, darüber einen Sternenhimmel und Striche für die Tannen. Der untere Kreis wird mit zwei Bergspitzen, einer strahlenden Sonne und ebenfalls Strichen für die Bäume gefüllt. Nimm für die Sonne Kreisschablone und Geodreieck zur Hand. Zeichne außerdem eine Pfeilspitze an den oberen und eine Federform an den unteren Teil des Schafts.

2. Mit dem Fineliner in Stärke 0.3 kannst du damit beginnen, den Schaft des Pfeils und dessen Spitze nachzuzeichnen. Nimm nun die Kreisschablone und zeichne deine beiden großen Kreise nach. Lass dabei in der oberen Hälfte die Teile aus, die den Berg mit dem Kreis verbinden. Achte bei der unteren Hälfte darauf, sowohl die Berge am Rand als auch jeden zweiten Strahl der Sonne auszulassen, wenn du den Kreis nachzeichnest. Zeichne dann mit dem Fineliner in Stärke 0.1 Berge und Bäume ein.

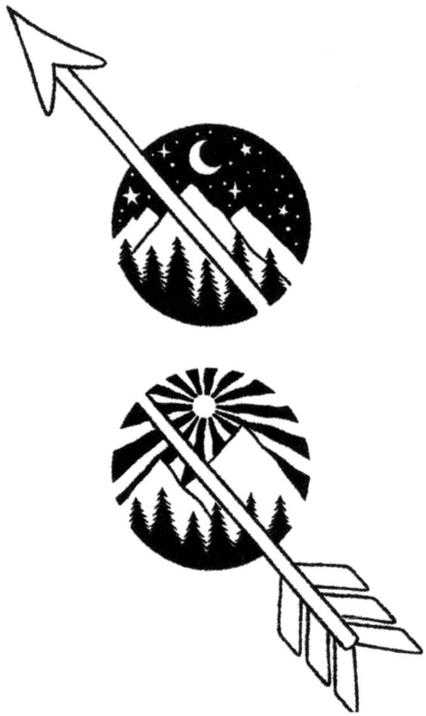

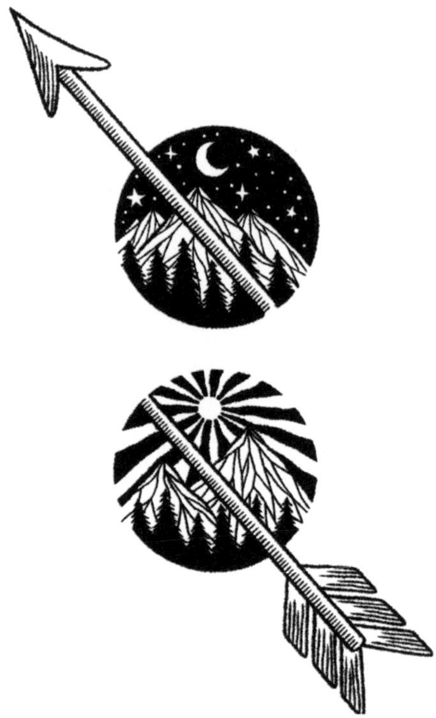

3. Füge dem Nachthimmel im oberen Kreis viele kleine Sterne hinzu und male die Fläche um die Sterne mit dem Fineliner in Stärke 0.3 aus. Die Sonnenstrahlen im unteren Kreis ziehst du zuerst freihand mit dem Fineliner in Stärke 0.1 nach, die Linien können ruhig gewellter sein als in der Skizze. Danach füllst du jeden zweiten Strahl schwarz aus.

4. Den letzten Schritt kannst du zuerst mit Bleistift zeichnen, wenn du sichergehen möchtest, dass dir die Berglinien gefallen. Oder du arbeitest direkt mit dem Fineliner in Stärke 0.1 weiter und zeichnest einigermaßen gerade Linien von der Spitze zum Fuß des Berges, bis die Berge mit Linien gefüllt sind. Widme dich dann nochmals dem Pfeil und schattiere dessen Schaft mit dem Fineliner in Stärke 0.1, indem du parallele Linien in dessen untere Hälften ziehst. Ganz zum Schluss kannst du die untere Hälfte der Pfeilspitze mit geschwungenen Linien schattieren und dem Pfeilende ein paar Linien als Federn einzeichnen.

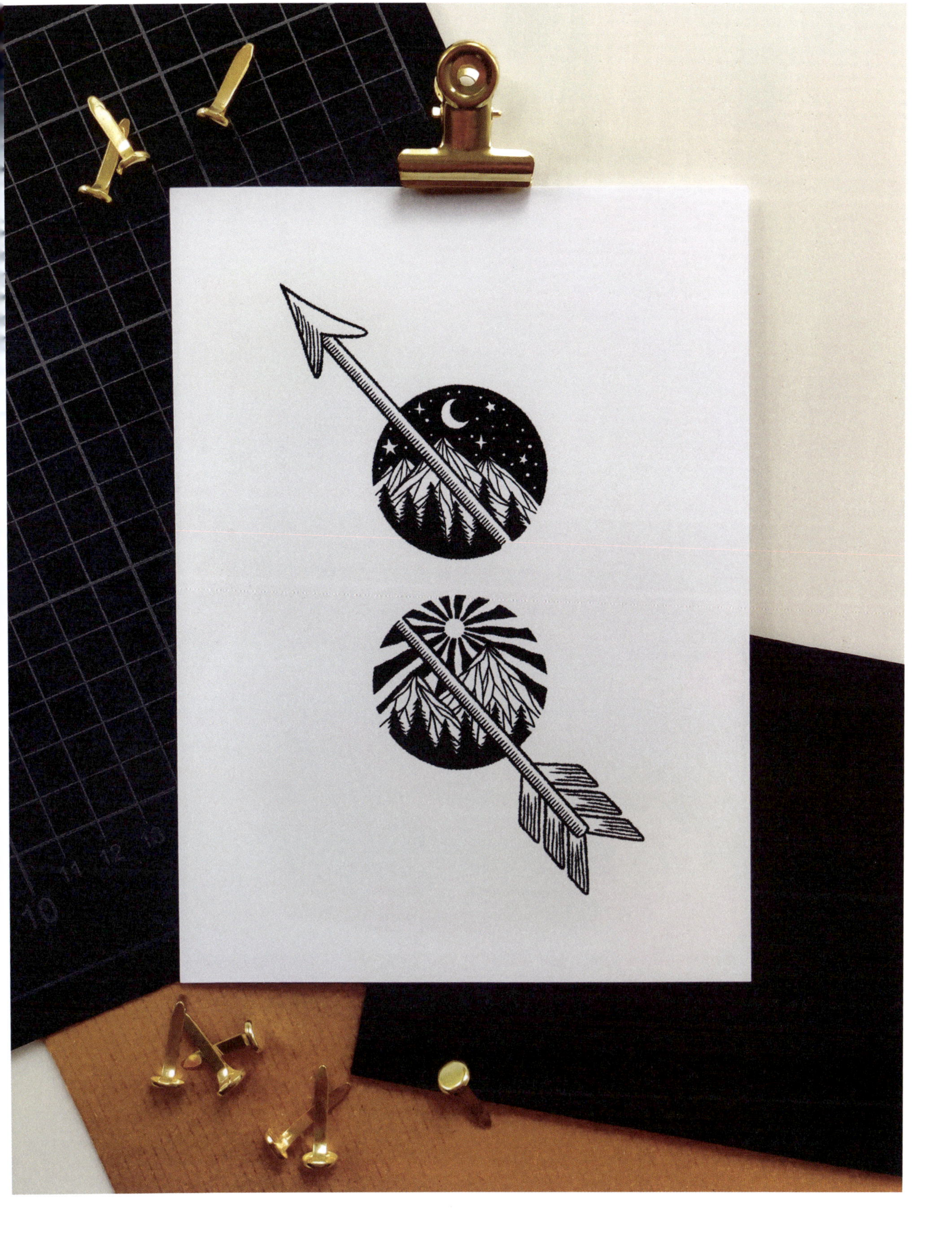

INTO **THE WILD**

Was muss das für ein Gefühl sein, inmitten der Natur an einem Berghang zu zelten, die aufgehende Sonne auf der Haut zu spüren und das Rauschen eines kleinen Wasserfalls zu hören? Ich weiß es leider nicht – aber ich stelle es mir wunderschön vor. Deshalb habe ich mir diese kleine Szene ausgedacht.

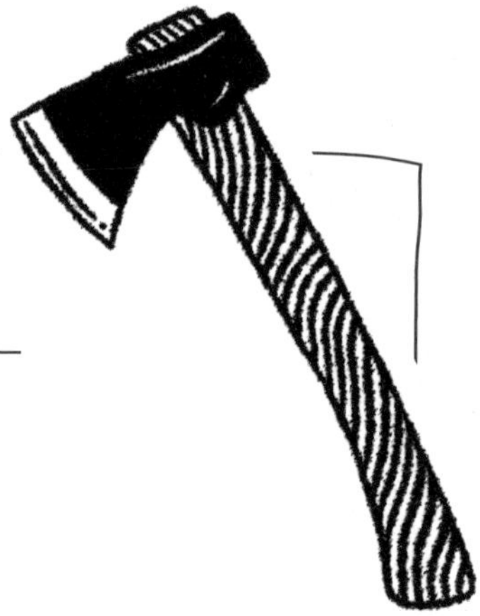

DU BRAUCHST:

Papier

Bleistift

Radiergummi

Geodreieck

Zirkel

Kreisschablone

Fineliner in den Stärken 0.05, 0.1, 0.2;
z. B. Faber-Castell Ecco Pigment

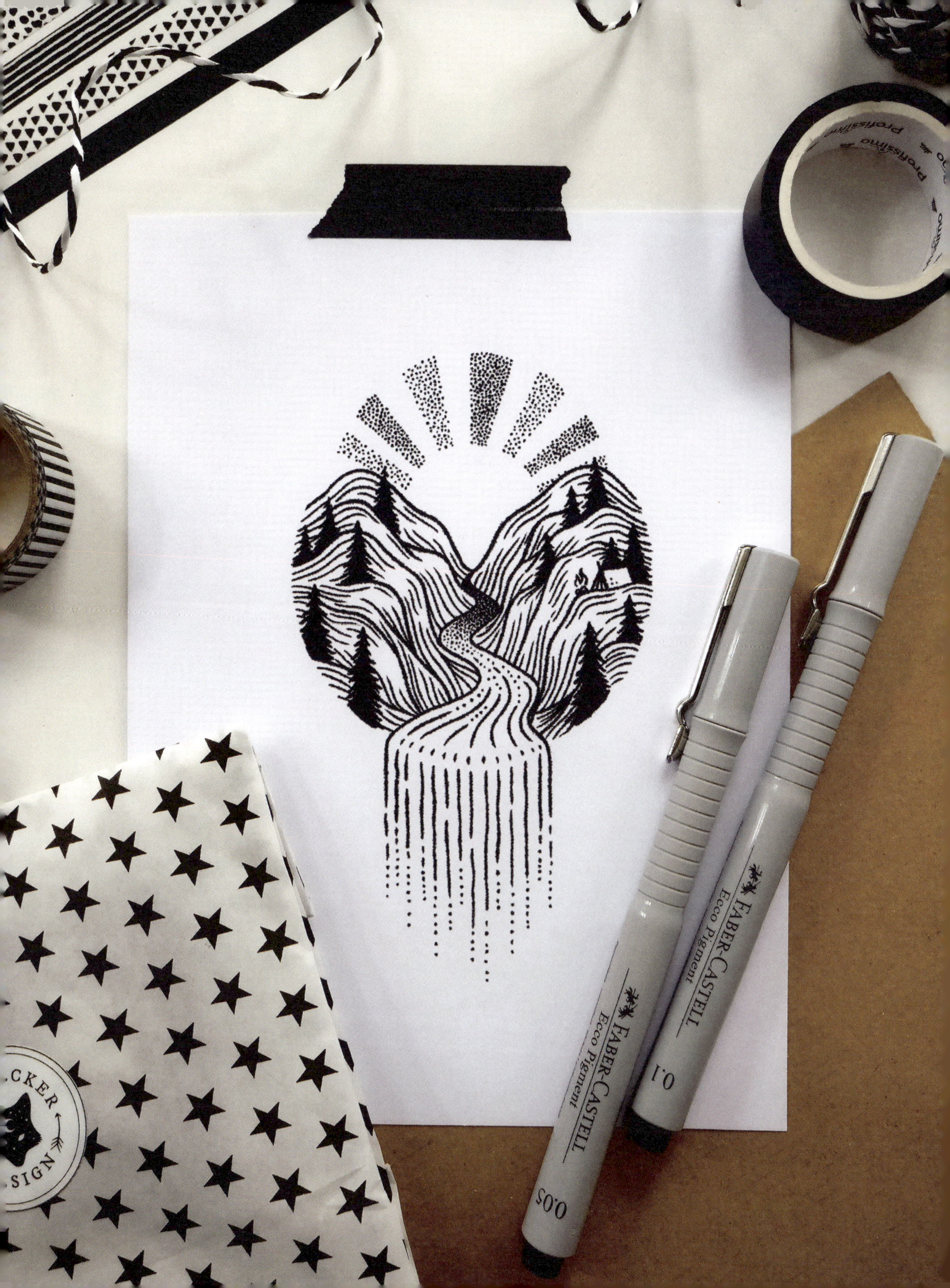
FABER-CASTELL
Ecco Pigment
0.05
FABER-CASTELL
Ecco Pigment
0.1

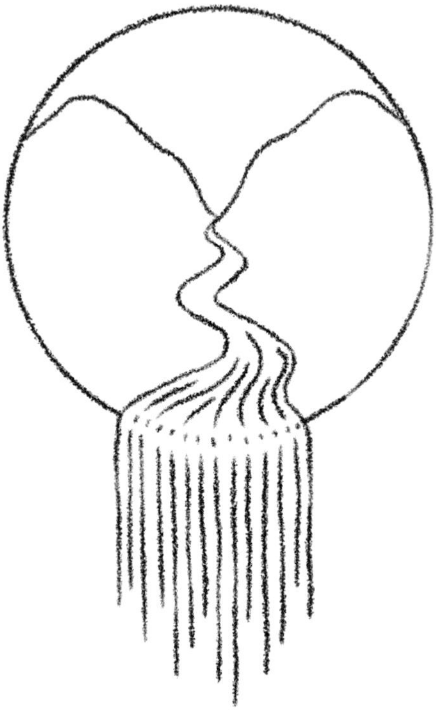

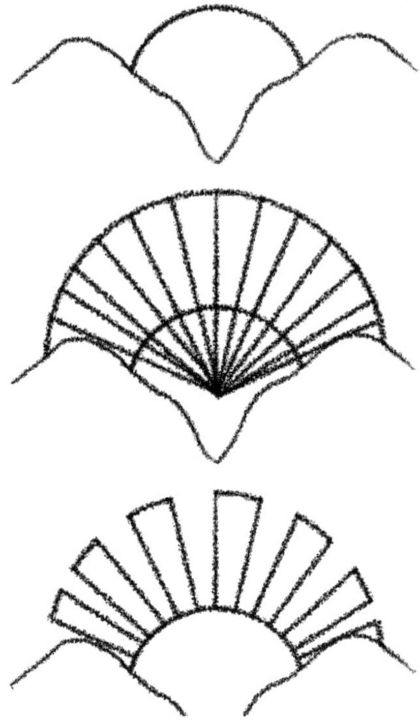

1. Konstruiere mit dem Zirkel einen Kreis. Der Fluss entspringt in dessen Mitte, zeichne dazu zwei parallele Wellenlinien von diesem Punkt zum unteren Rand des Kreises. Ab dem Punkt, an dem das Wasser über den Kreis „fließt“, können die Linien senkrecht nach unten verlaufen. Radiere den Kreisbogen in diesem Abschnitt weg und füge stattdessen ein paar kleine Striche ein. So sieht es aus, als würde Wasser über die Klippe fließen. Deute zudem mit einfachen Linien das fließende Wasser und zwei Berge am oberen Ende des Flusses an. Radiere danach den darüberliegenden Teil des Kreises weg, dieser wird nicht mehr benötigt.

2. Zeichne mithilfe der Kreisschablone einen Halbkreis zwischen die beiden obersten Hügel. Für die Sonnenstrahlen wird ein doppelt so großer Kreis benötigt, der um den ersten gezeichnet wird. Ziehe, vom Mittelpunkt der Kreise ausgehend, einigermaßen gleichmäßige Linien von innen nach außen und radiere jeden zweiten Zwischenraum des äußeren Kreises weg.

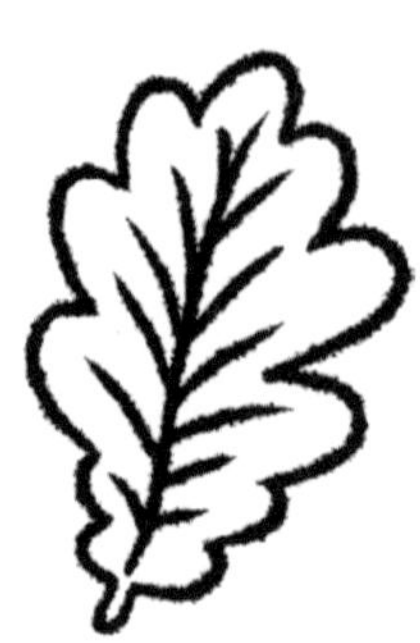

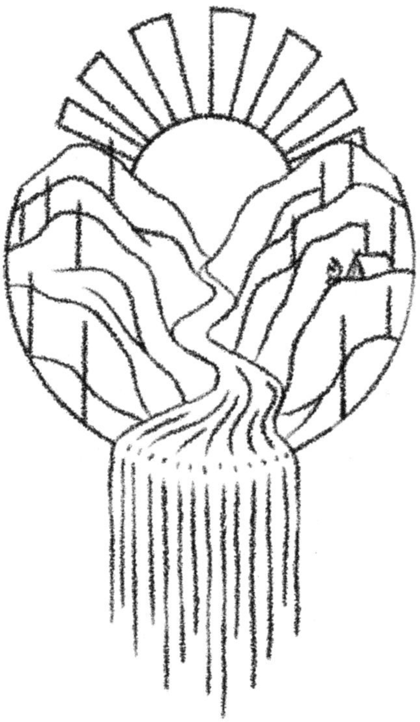

3. Zeichne mit Bleistift mit ein paar einfachen Linien die Hügel und Klippen ein. Starte dabei jeweils am Flussufer und ziehe die Linien zum äußeren Kreis. Füge ein Zelt samt Lagerfeuer auf einem dieser Hügel hinzu. Setze ein paar vereinzelte senkrechte Striche, die Tannen andeuten.

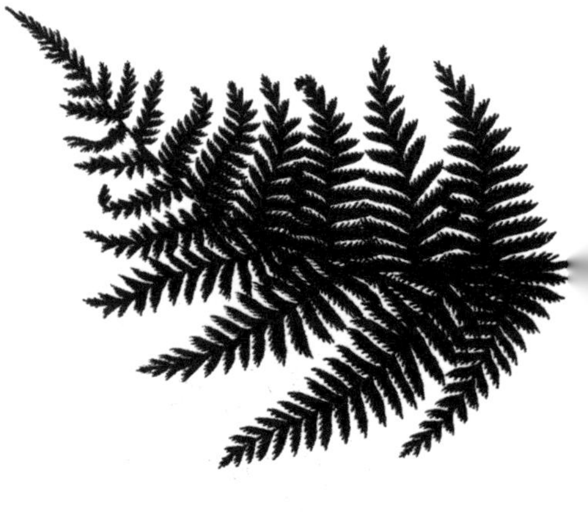

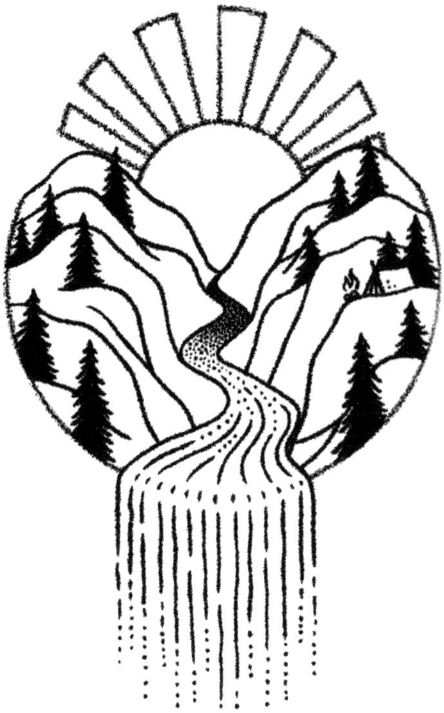

4.

Zeichne mit dem Fineliner in Stärke 0.2 Hügel und Fluss nach. Das fallende Wasser sieht dynamischer aus, wenn die Strichenden nicht durchgezogen, sondern einzeln gepunktet werden. Tüpfele mit dem Fineliner in Stärke 0.1 den oberen Teil des Flusses. Zur Spitze hin sollte der Fluss am dunkelsten werden. Nimm dazu ruhig auch den Fineliner in Stärke 0.05 zur Hand, um einen gleichmäßigen Verlauf zu erzeugen. Zeichne Zelt, Lagerfeuer und Tannen mit dem Fineliner in Stärke 0.1.

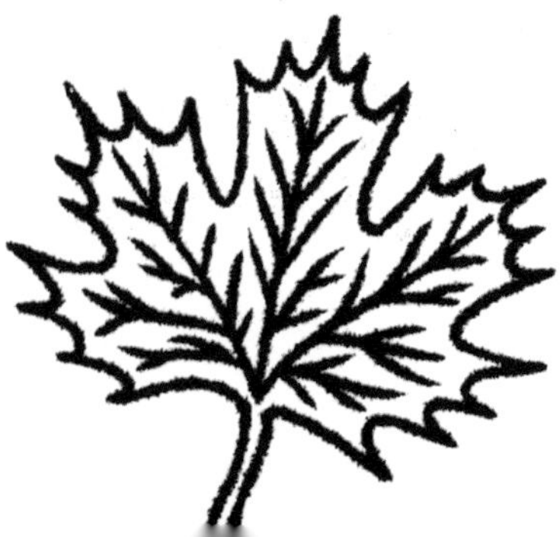

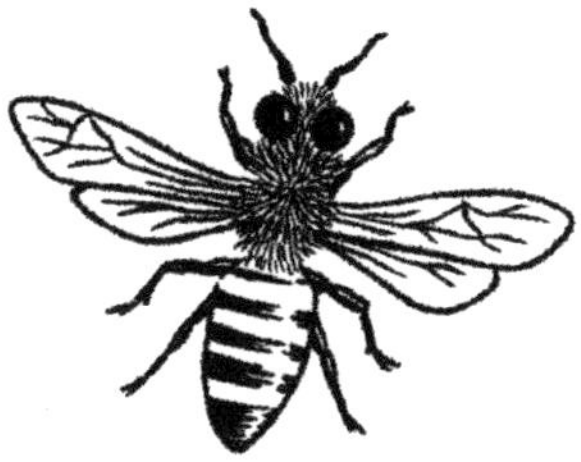

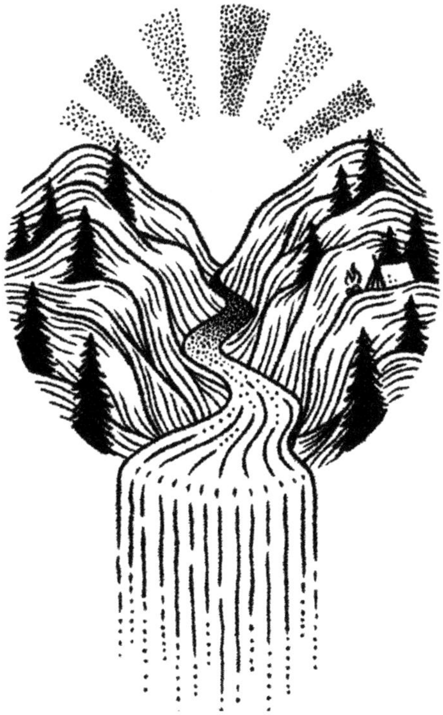

5. Setze für die Details der Hügel den Fineliner in Stärke 0.1 ein und ziehe parallele Linien entlang der bereits gezeichneten Hügel. Lasse die Linien auf dem Kreis der Bleistiftskizze enden, den du später entfernen kannst. Fülle mit demselben Fineliner jetzt jedes zweite Feld der Sonnenstrahlen, indem du die Strahlen abwechselnd mehr oder weniger intensiv tüpfelst, sodass helle und dunkle Bereiche entstehen. Radiere die restlichen Bleistiftlinien weg, wenn die Tinte getrocknet ist.

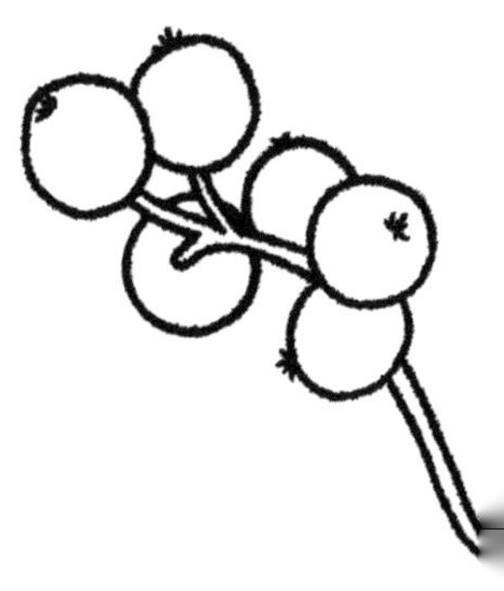

HOME IS WHERE **THE HEART IS**

Wer wäre nicht gerne manchmal auf einer Alpenwiese, in einer abgelegenen, gemütlichen Hütte, umgeben von dunklen Tannen, hohen Bergen und saftigen Wiesen voller Wildblumen. Ich auch! Daher holen wir uns den romantischen Hüttenflair mit dieser Zeichnung überall dorthin, wo wir ihn gern hätten.

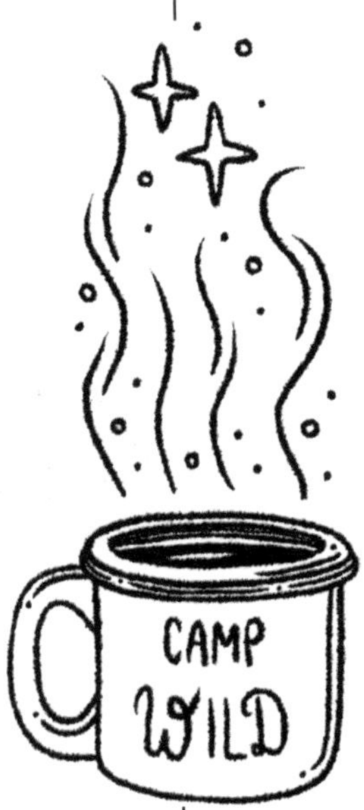

DU BRAUCHST:

Papier

Bleistift

Radiergummi

Geodreieck, Zirkel

Kreisschablone

Fineliner in den Stärken 0.05, 0.1, 0.3; z. B. Faber-Castell Ecco Pigment

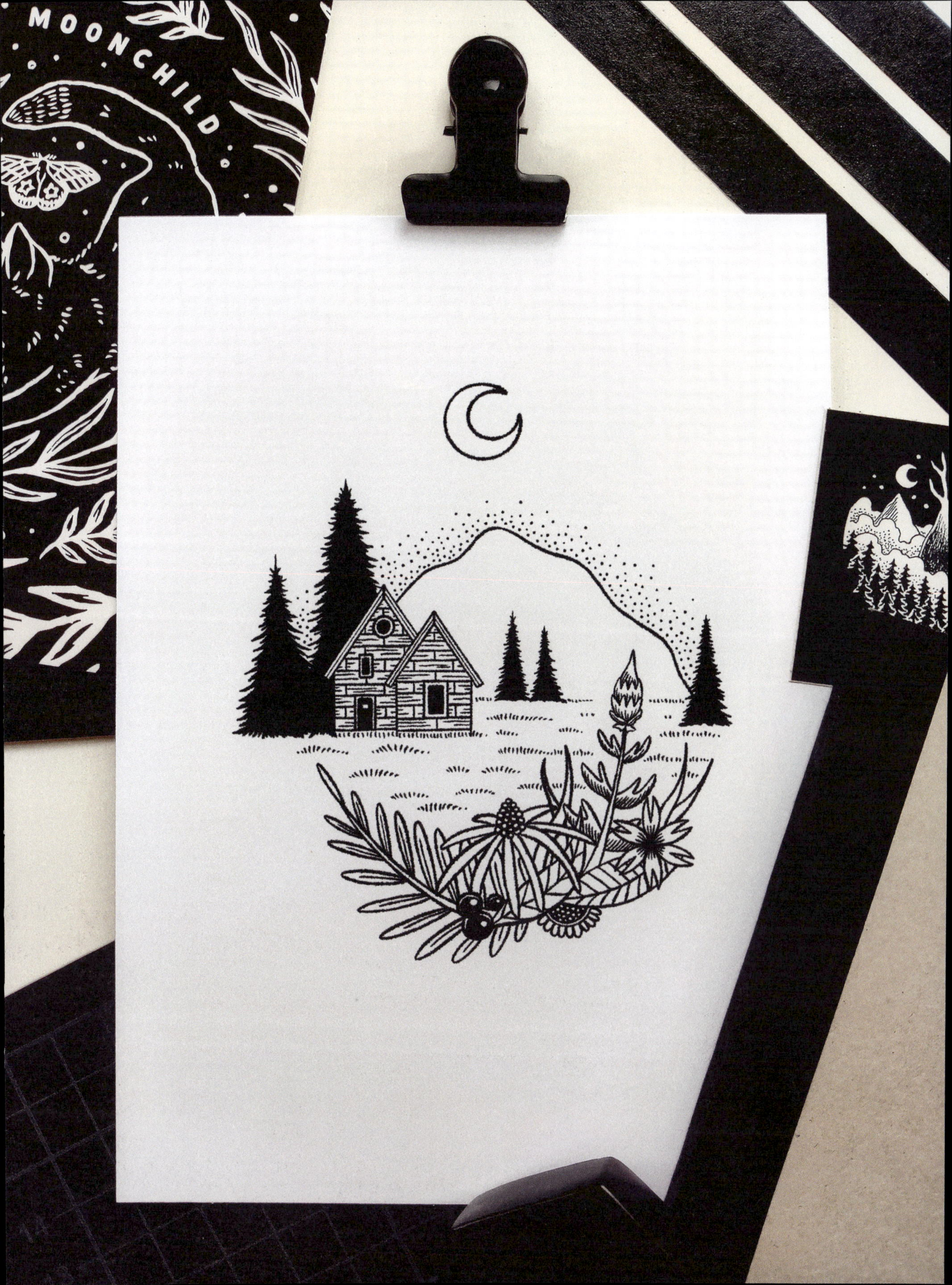
MOONCHILD

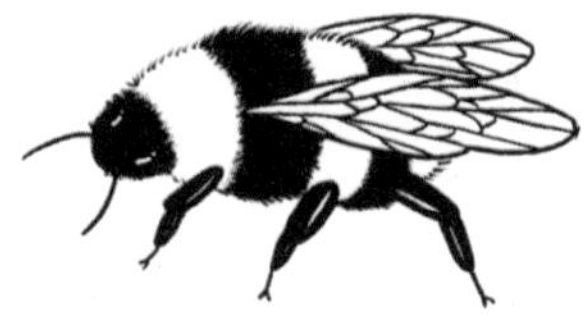

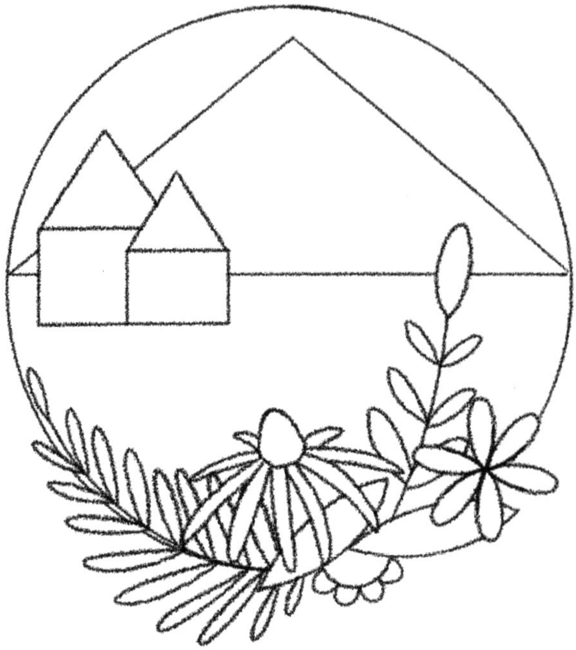

1. Starte mit dem Zirkel und einem Kreis, an dem du dich orientieren kannst. Füge mit geometrischen Formen zwei kleine Hütten ein und ein dahinterliegendes Dreieck, aus dem später der Berg wird. Deute an der unteren Rundung des Kreises ein paar Blätter und Blumen für den Kranz an. Verwende auch hier grobe Formen und gehe noch nicht zu sehr ins Detail.

TIPP

Am einfachsten lassen sich voluminöse Tannen darstellen, indem du zuerst mit einem dünnen Fineliner die Outlines um eine senkrechte Linie zeichnest und die Fläche dann mit einem stärkeren Fineliner füllst.

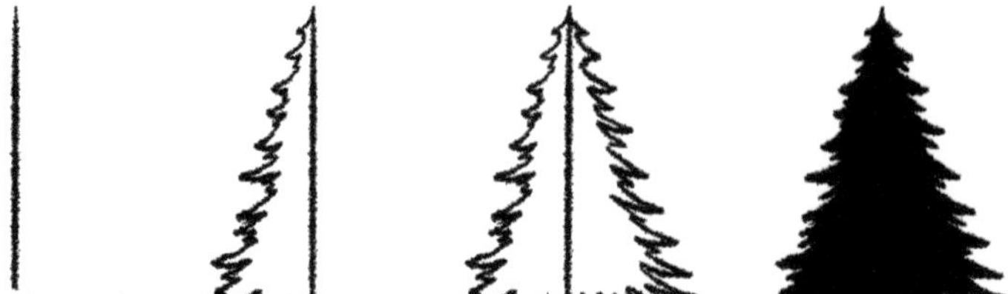

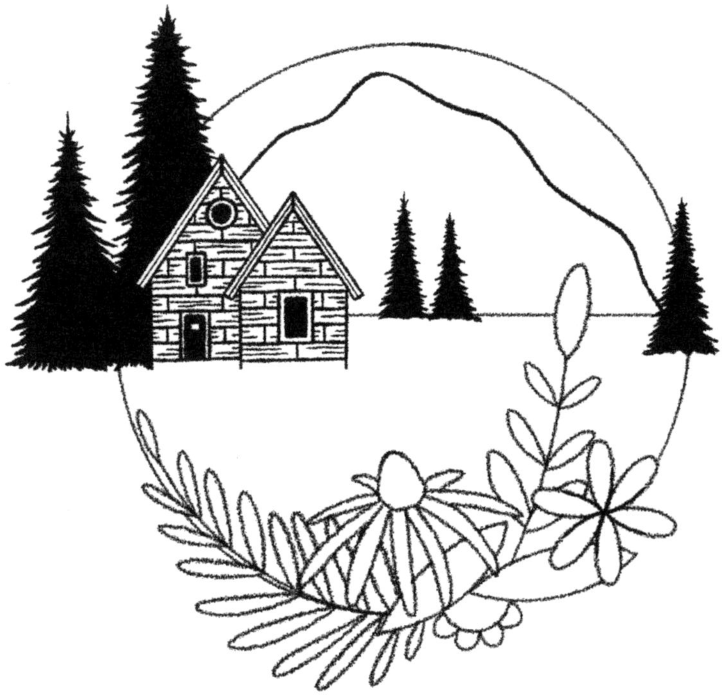

2. Zeichne nun mit Geodreieck und deinem Fineliner in Stärke 0.1 ein paar senkrechte Linien für die Tannen und vervollständige sie. Auch den Hütten kannst du Details wie Tür und Fenster hinzufügen. Ziehe außerdem mit dem Fineliner in Stärke 0.3 eine gewellte Linie um das skizzierte Dreieck, um den Berg im Hintergrund zu erschaffen.

TIPP

Gib der Hütte mehr Struktur, indem du die Fassade in einzelne Bretter unterteilst und feine, horizontale Linien in deren Mitte zeichnest.

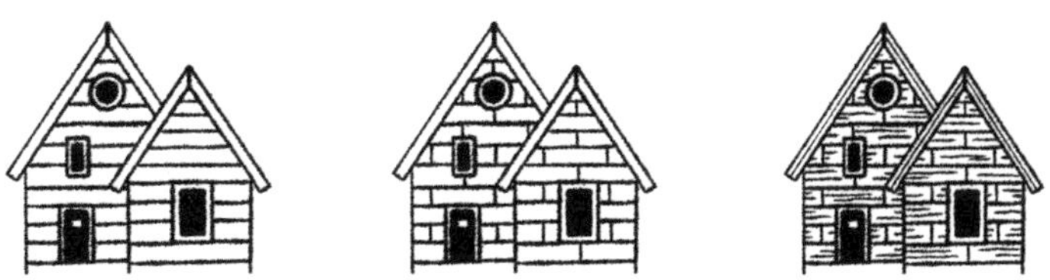

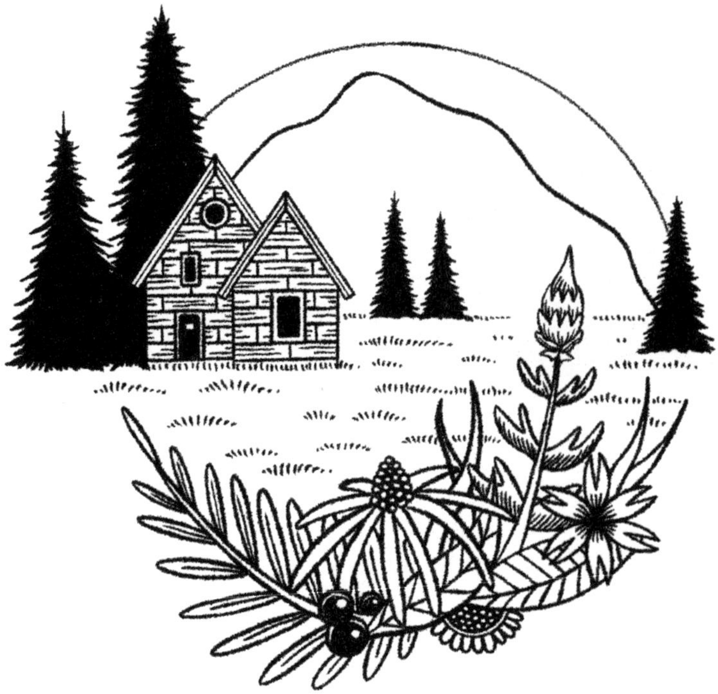

3.

Widme dich nun der Ausarbeitung deines Blumenkranzes. Zeichne am besten mit Bleistift vor und forme die Blumen genauer nach. Ziehe die Outlines mit dem Fineliner in Stärke 0.1 und schattiere sie, wie es dir gefällt. Füge außerdem ein paar Beeren mit Lichtreflexen hinzu. Mit ein paar aneinandergereihten kleinen Strichen auf der freien Fläche zwischen den Blumen im Vordergrund und dem Berg im Hintergrund erzeugst du den Eindruck einer saftigen Wiese.

TIPP

Bei Blättern und Blumen kannst du immer mit groben Formen beginnen, bevor du dich in die Details vertiefst.

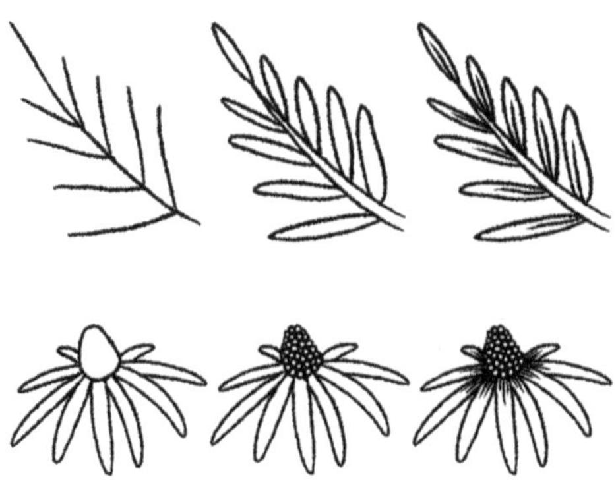

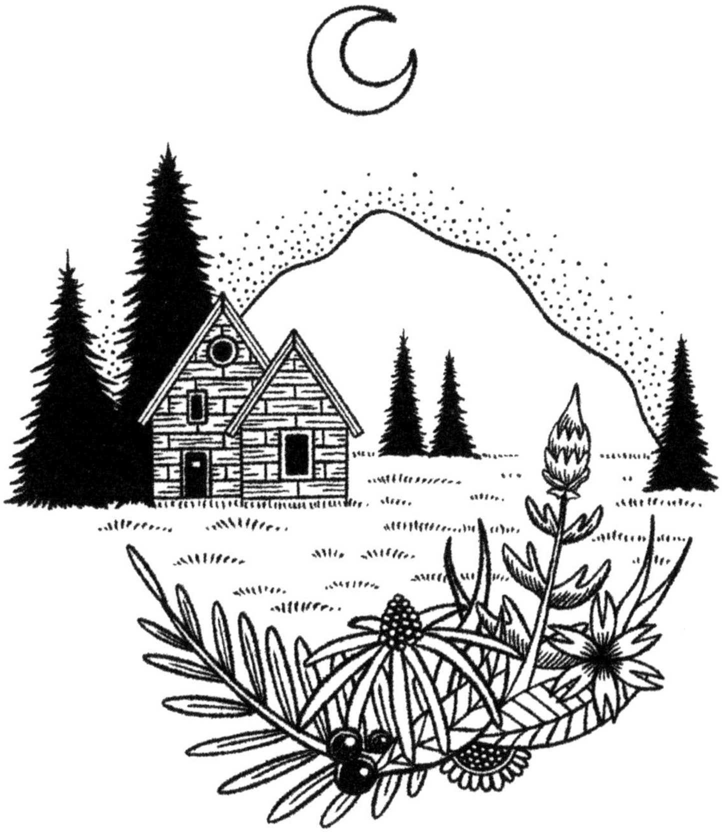

4.

Im letzten Schritt schaffst du durch viele kleine Punkte, die du rund um den Berg tupfst, eine besondere Atmosphäre. Arbeite dafür mit dem Fineliner in der Stärke 0.1. Danach kannst du mithilfe der Kreisschablone eine Mondsichel über deine Zeichnung setzen. Wenn die Tinte des Fineliners getrocknet ist, können alle Bleistiftreste der Skizze mit dem Radiergummi entfernt werden.

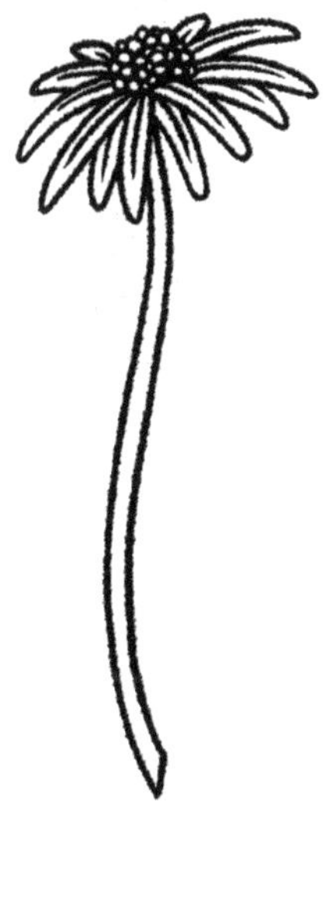

CRYSTAL CLEAR **VISIONS**

Das Auge im Käfer symbolisiert eine Crystal Clear Vision: das Gefühl, im Einklang mit der Natur zu sein. Das Gefühl, dass alles eins und alles miteinander verbunden ist, angefangen beim kleinsten Käfer über weite Wälder bis hin zu hohen Bergen.
Das Motiv ist Teil meiner Käfer-Serie, bei der ich verschiedene Käfer-Silhouetten mit klassischen Naturszenen gefüllt habe.

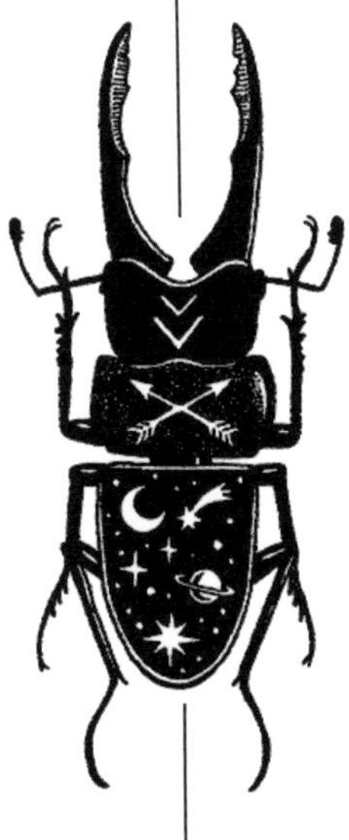

DU BRAUCHST:

Papier

Bleistift

Radiergummi

Geodreieck

Kreisschablone

Fineliner in den Stärken 0.1, 0.2;
z. B. Faber-Castell Ecco Pigment

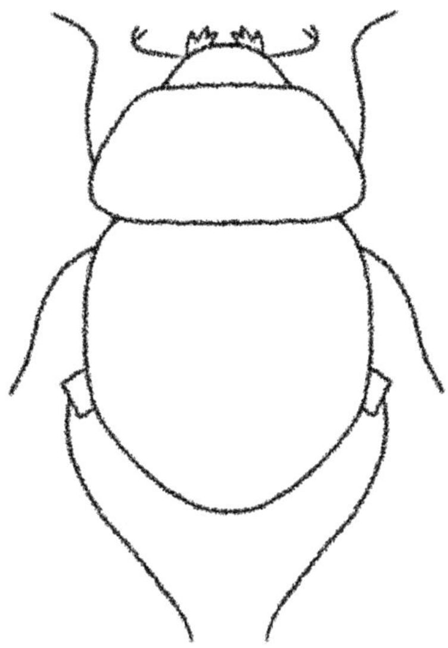

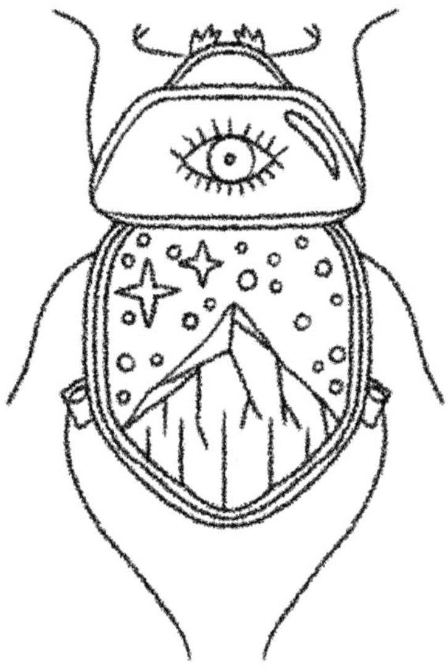

1. Lege zuerst die Skizze mit Bleistift an. Versuche, den Körper des Käfers möglichst symmetrisch zu gestalten, die sechs Beine können erst einmal nur angedeutet werden. Wenn du mit der groben Skizze zufrieden bist, geht es an die Details.

2. Die größte Kammer im Inneren des Käfers bekommt eine Innenwand, die die kleine Naturszene mit Bäumen, Berg und Sternenhimmel umschließt. Skizziere sie ebenfalls mit Bleistift. Füge Lichtreflexe an den oberen Kanten der kleineren Kammer und am Kopf des Käfers hinzu. Auch das Symbol des Auges kannst du grob vorzeichnen. Wenn dir ein anderes Symbol, beispielsweise ein Mond oder ein Stern, lieber ist, kannst du es natürlich einfach ersetzen.

TIPP

Die Konstruktion symmetrischer Formen gelingt mithilfe von Geodreieck und einer Achse, an der sich die Linien spiegeln, am besten.

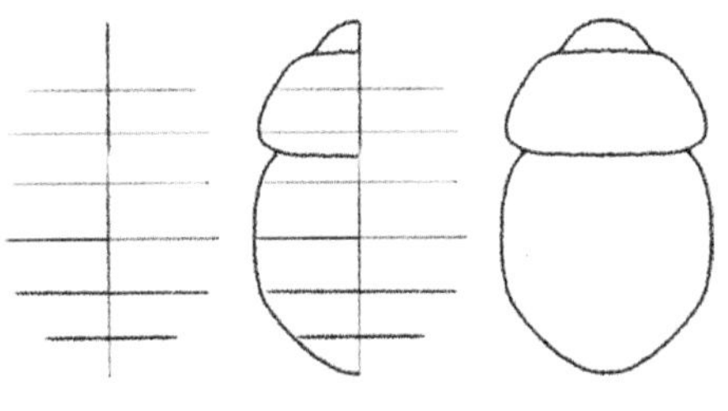

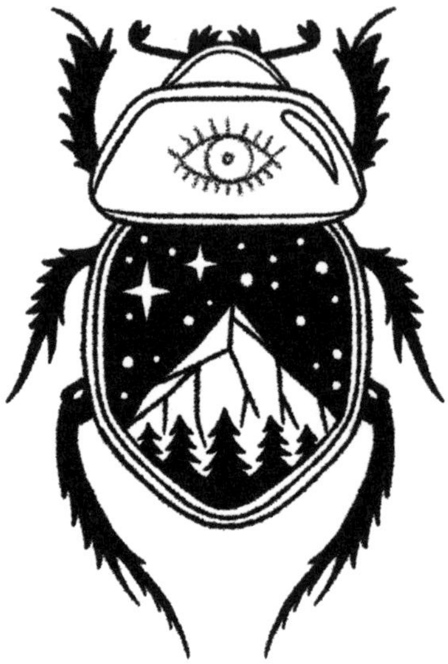

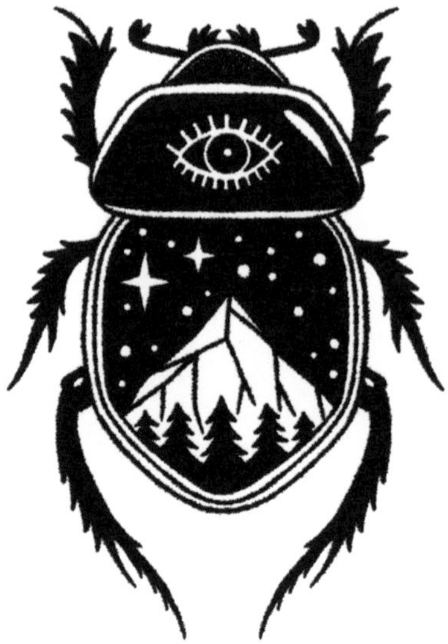

3. Zeichne nun die Outlines des Käfers mit dem Fineliner in Stärke 0.2 nach. Arbeite die Beine aus. Füge dafür an der Außenseite der skizzierten Linien gleichmäßige Zacken hinzu, während die Seite am Körper glatt bleibt. Die Bäume solltest du vor dem Berg zeichnen, sodass du weißt, wo dessen Linien enden. Umrunde die Sterne mit dem Fineliner in Stärke 0.1 und male den Himmel mit dem Fineliner in Stärke 0.2 aus. Zuletzt kannst du die Lichtreflexe nachzeichnen, damit sie im nächsten Schritt nicht übersehen werden.

4. Zu guter Letzt kann der obere Panzer ausgemalt werden. Nimm dafür ebenfalls wieder den Fineliner in Stärke 0.2. Lass das Symbol, das du zuvor umrandet hast und die Lichtreflexe weiß. So kommen sie perfekt zur Geltung. Jetzt ist dein kleiner Käfer fertig. Radiere, wenn die Tinte getrocknet ist, vorsichtig die restlichen Bleistiftlinien weg.

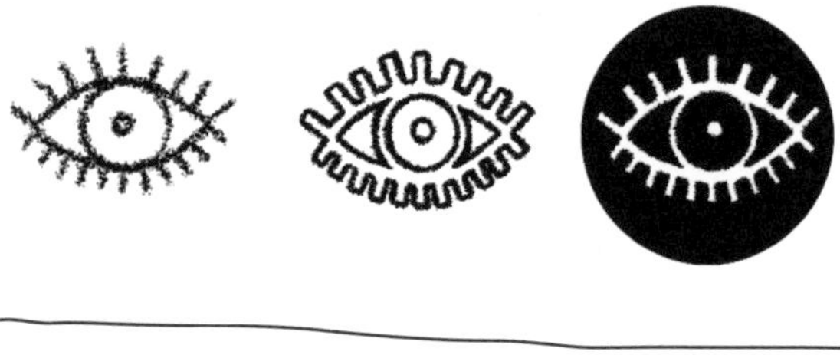

TIPP

Das Augensymbol wird hier negativ dargestellt. Zeichne dazu mit dem Fineliner den Umriss der Bleistiftskizze nach. Radiere diese, nachdem die Tinte getrocknet ist, weg und fülle die umliegenden Formen mit Farbe.

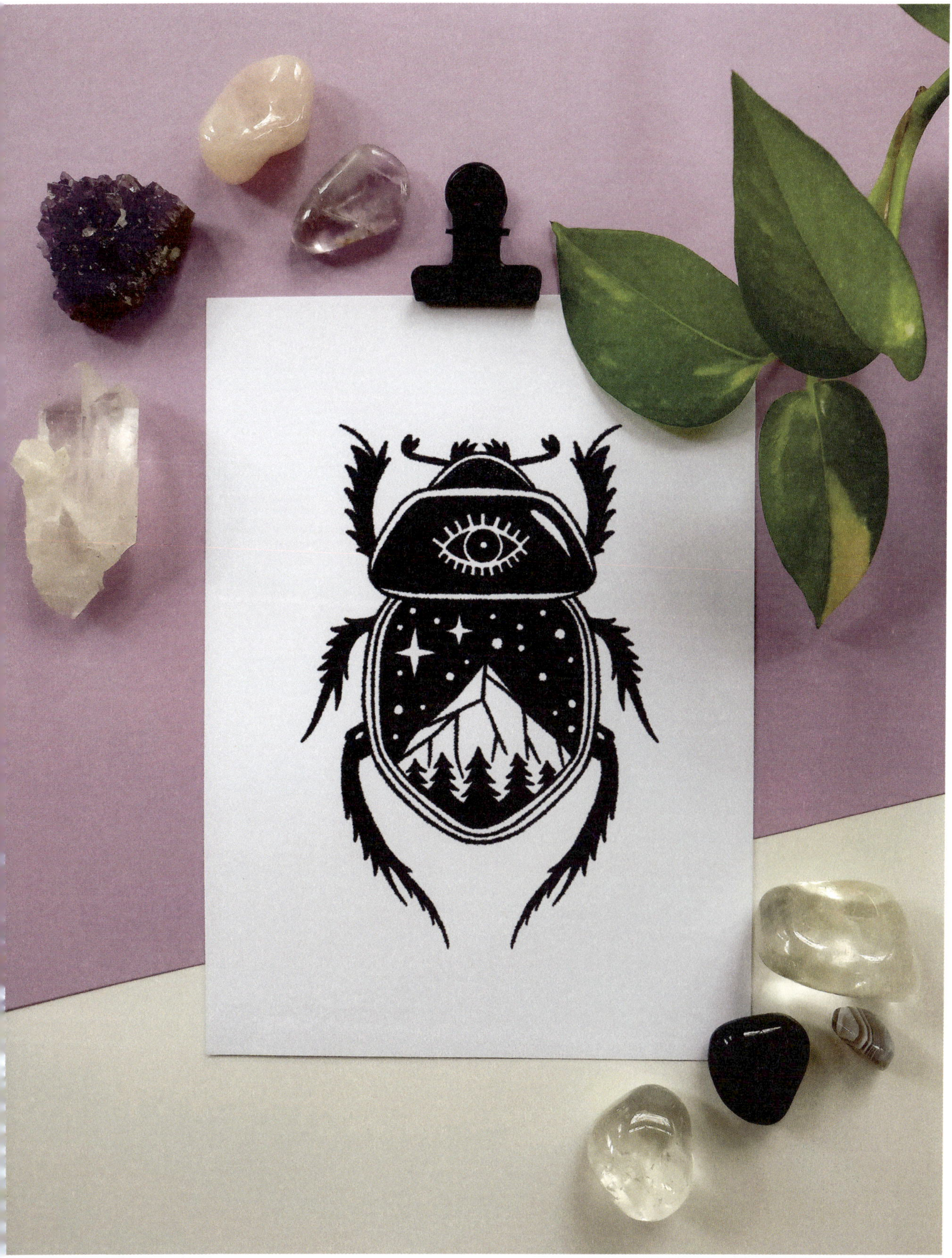

CAMP **WILD**

Ich ziehe viel Inspiration aus der Vorstellung der Verbundenheit mit der Natur. Deren Schönheit und Ruhe kann man beim Zelten unter dem funkelnden Sternenhimmel perfekt dazu nutzen, seine Batterien vom turbulenten Leben wieder aufzuladen. „Camp Wild" fängt meinen Spirit sehr gut ein.

DU BRAUCHST:

Papier

Bleistift

Radiergummi

Geodreieck

Zirkel

Fineliner in den Stärken 0.05, 0.1, 0.3; z. B. Faber-Castell Ecco Pigment

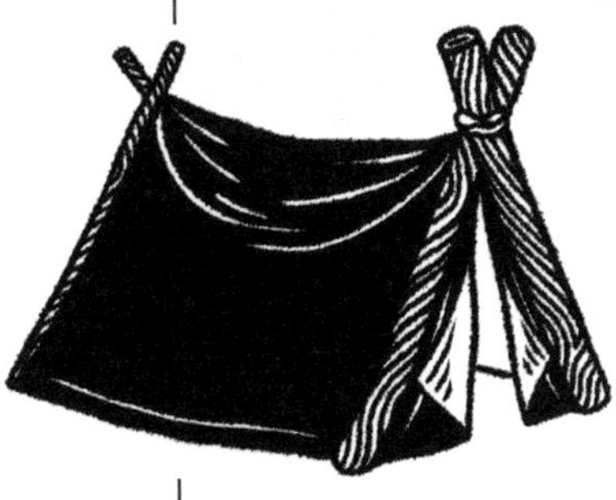

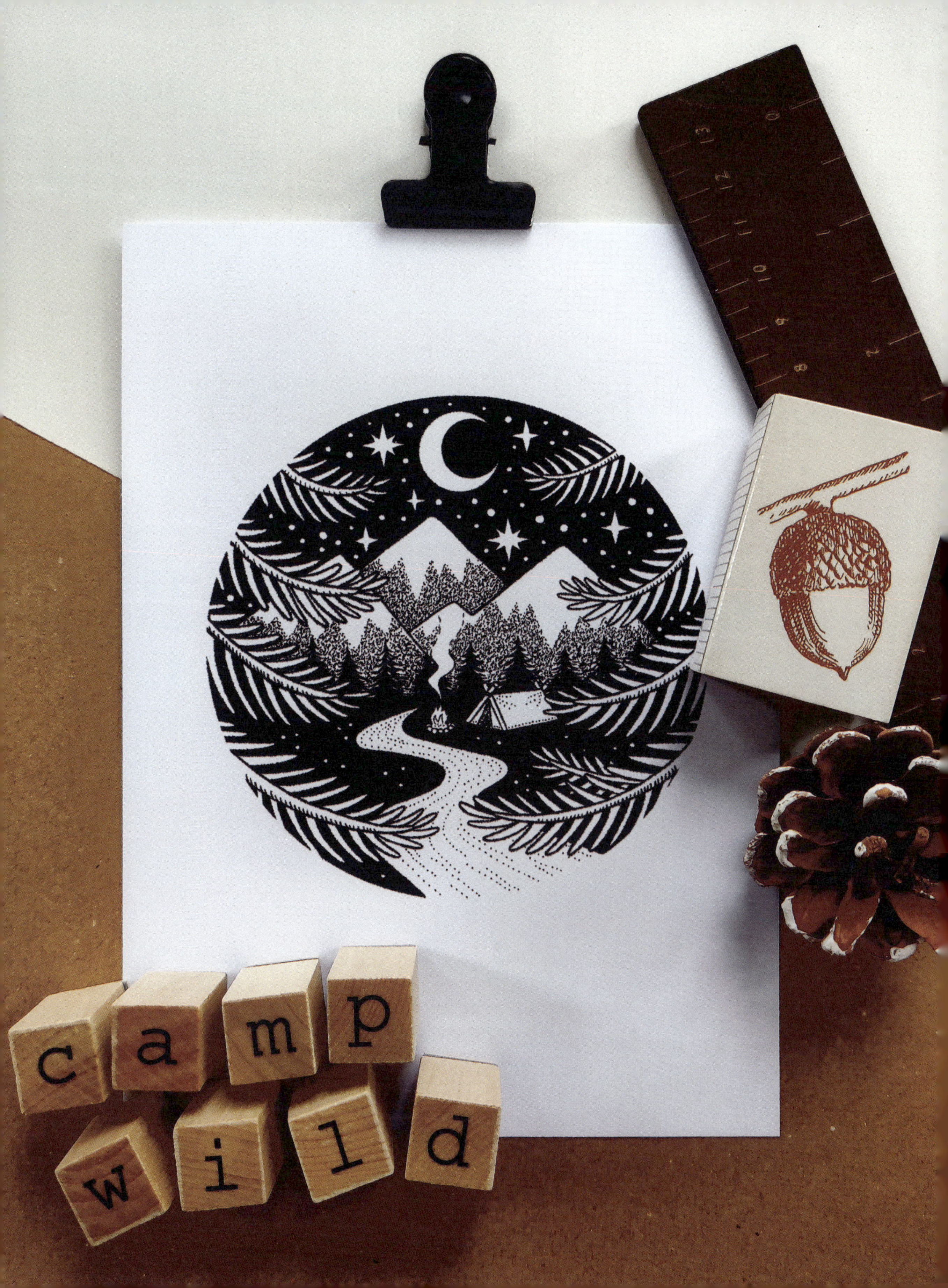
camp
wild

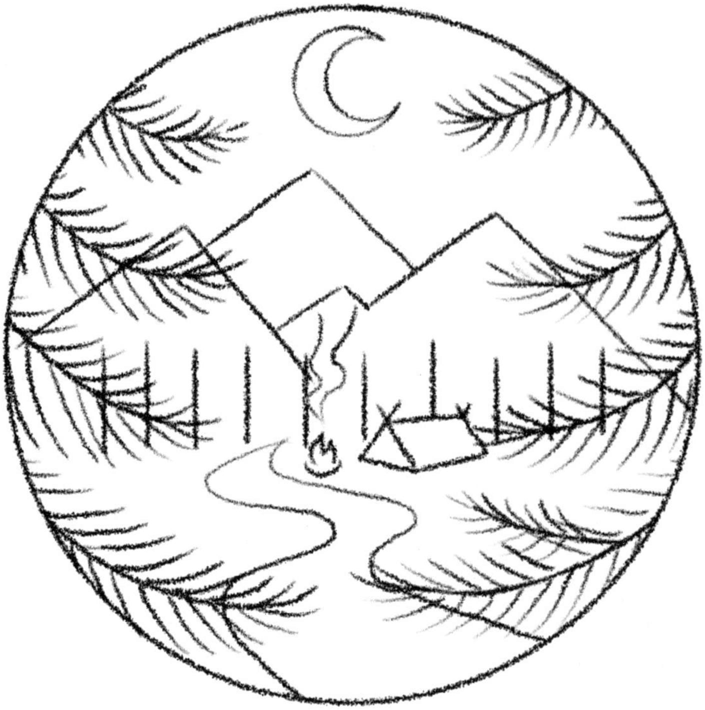

1. Beginne mit der Bleistiftskizze. Zeichne mit dem Zirkel einen Kreis mit ungefähr 8 cm Durchmesser. Füge danach einen gewundenen Fluss, eine kleine Campingszene und senkrechte Striche für die Tannen im Hintergrund hinzu. Setze über diese Striche drei große Berge und zeichne darüber mithilfe der Kreisschablone einen Mond. Beende die Skizze damit, dass du sowohl links als auch rechts Tannenäste ins Bild ragen lässt.

TIPP

Die Tannenäste rahmen die Zeichnung ein. Lege zunächst eine grobe Skizze an, indem du zuerst den großen, inneren Strang und dann die kleinen, daran angrenzenden Äste zeichnest. Umrande dann die einzelnen Zweige mit dem Fineliner.

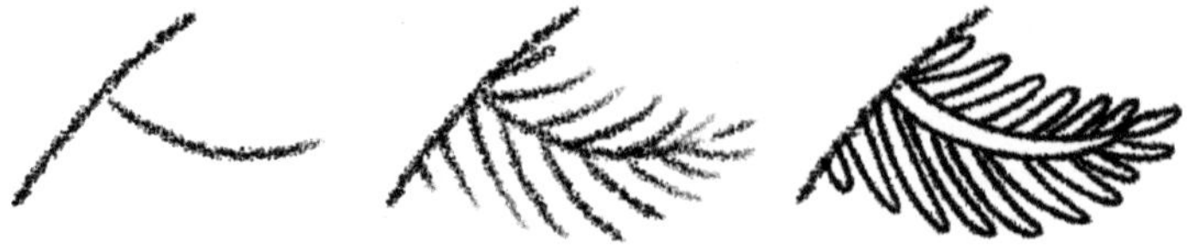

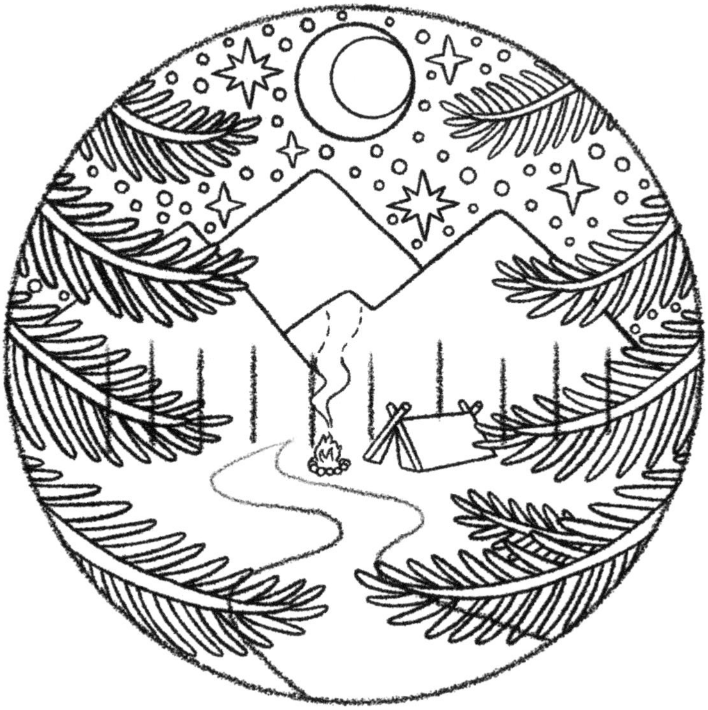

2. Zeichne mit dem Fineliner in Stärke 0.1 sorgfältig alle Äste nach. Achte darauf, dass die Enden auf Höhe des äußeren Kreises offen bleiben. Nimm für Zelt, Lagerfeuer und Rauch den dünnen Fineliner in Stärke 0.05, um die Details sauber zu zeichnen. Sterne, Mond und Berge kannst du wieder mit dem Fineliner in Stärke 0.1 umranden.

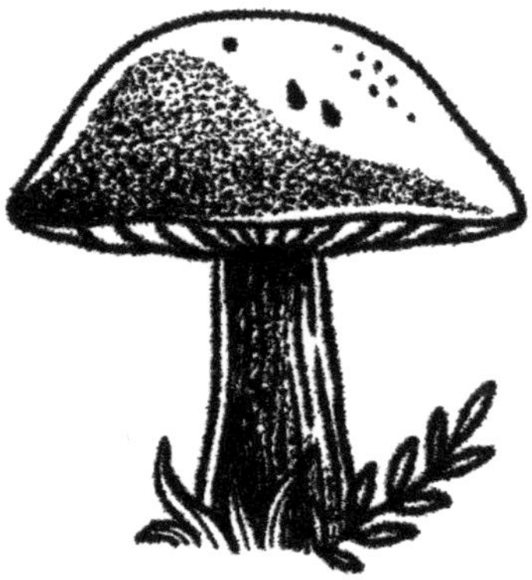

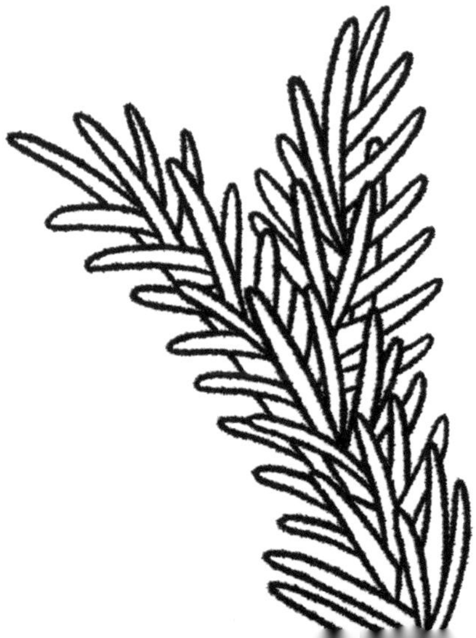

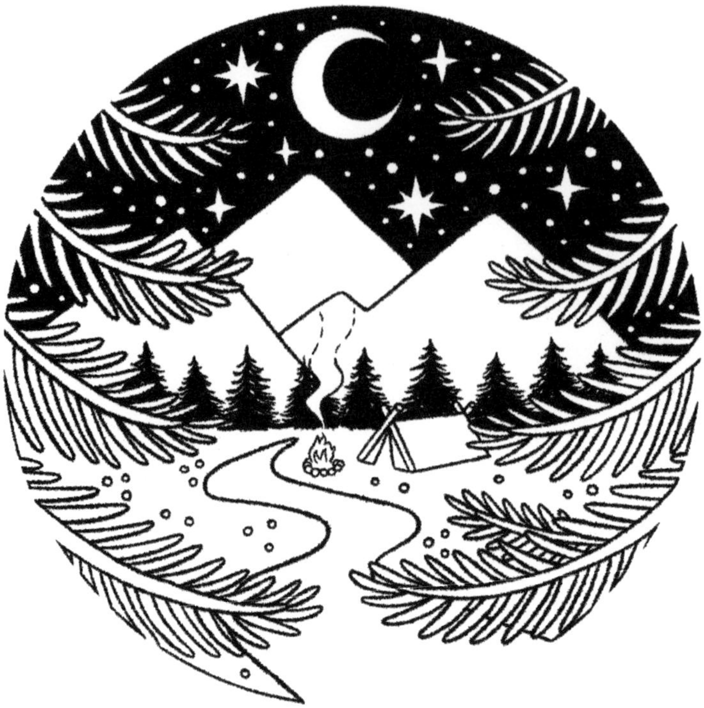

3.

Ziehe mit dem gleichen Fineliner die Linien des Flussverlaufs nach. Lasse den Fluss am äußeren Rand des Kreises quasi aus dem Bild herausfließen. Nimm nun den Fineliner in Stärke 0.05 zur Hand und ziehe ganz langsam den äußeren, großen Kreis nach. Achte dabei genau darauf, dass das Flussende und die Enden der Äste offen bleiben und spare diese Bereiche im großen Kreis aus. Arbeite anschließend mit dem dünnen Fineliner die Tannen im Hintergrund aus und zeichne einige Details in den Bereich um den Fluss herum. Male mit dem Fineliner in Stärke 0.3 den Nachthimmel aus. Wenn die Tinte getrocknet ist, kannst du die Bleistiftskizze wegradieren.

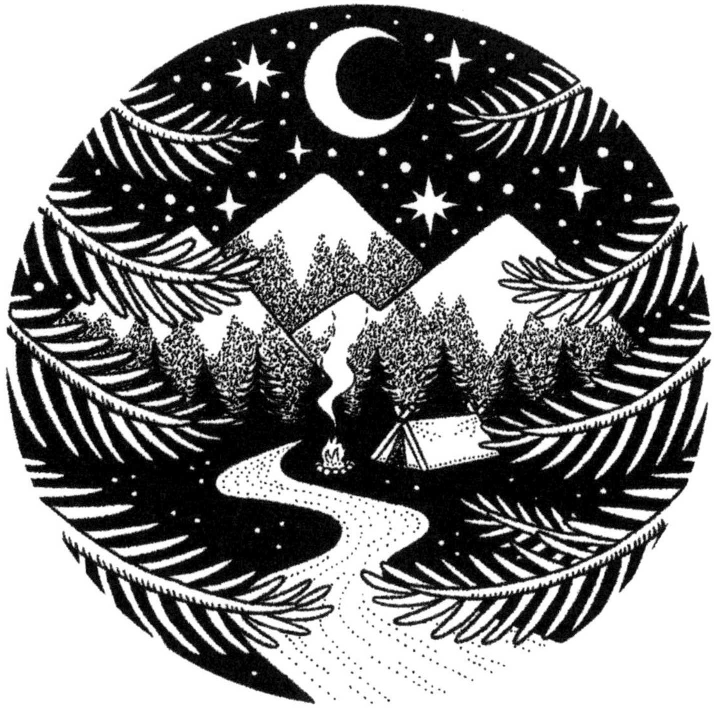

4.

Fülle in diesem Schritt die Flächen um den Fluss herum mit dem Fineliner in Stärke 0.3 und achte darauf, deine eingezeichneten Details auszusparen. Mit dem dünnen Fineliner und geschwungenen, gepunkteten Linien kannst du dem Fluss Leben einhauchen. Auch Zelt und Lagerfeuer können mit wenigen Punkten Details hinzugefügt werden. Betone die dicken Äste, die ins Bild ragen, indem du ihre Unterseite leicht schraffierst.
Ein letztes Mal benötigst du nun den Bleistift: Zeichne zackige Bergkuppen auf jeden einzelnen Berg. Tupfe dann entlang dieser Linien mit dem Fineliner in Stärke 0.1. Starte anschließend damit, die Fläche unter der gezackten Linie gleichmäßig zu tüpfeln. Ist die Tinte komplett getrocknet, kannst du alle Bleistiftlinien ausradieren.

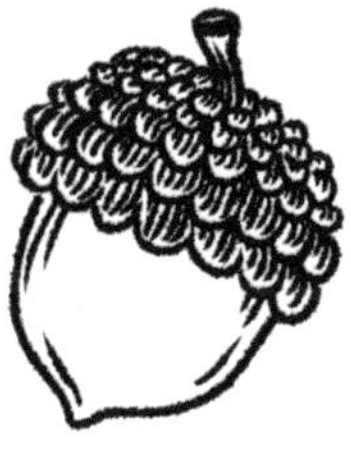

SPIRIT OF **THE SEA**

Der Gedanke an das sanft rauschende, nächtliche Meer ist magisch und friedlich. Der Leuchtturm im Inneren des Wals zeigt, dass man auch alleine nicht verloren ist. Denn egal, wie weit der Ozean ist, irgendwo steht ein Leuchtturm, der dir den Weg nach Hause weist.

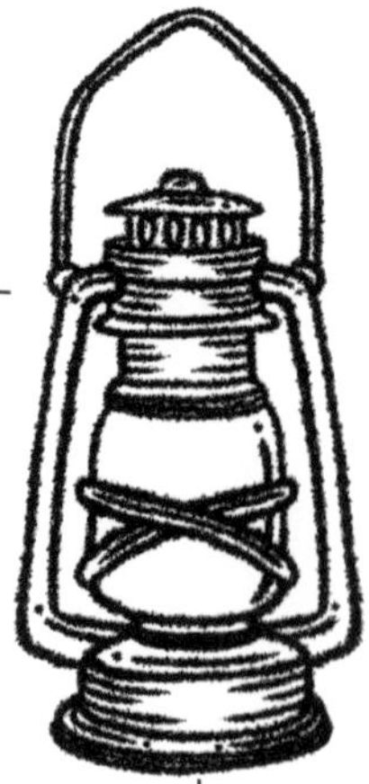

DU BRAUCHST:

Papier

Bleistift

Radiergummi

Geodreieck

Kreisschablone

Fineliner in den Stärken 0.05, 0.1, 0.3;
z. B. Faber-Castell Ecco Pigment

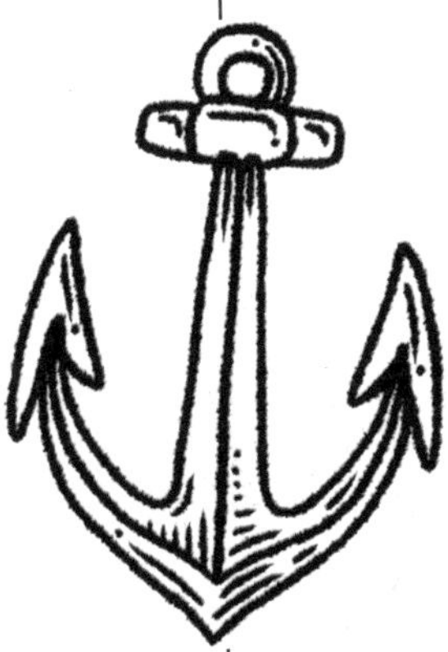

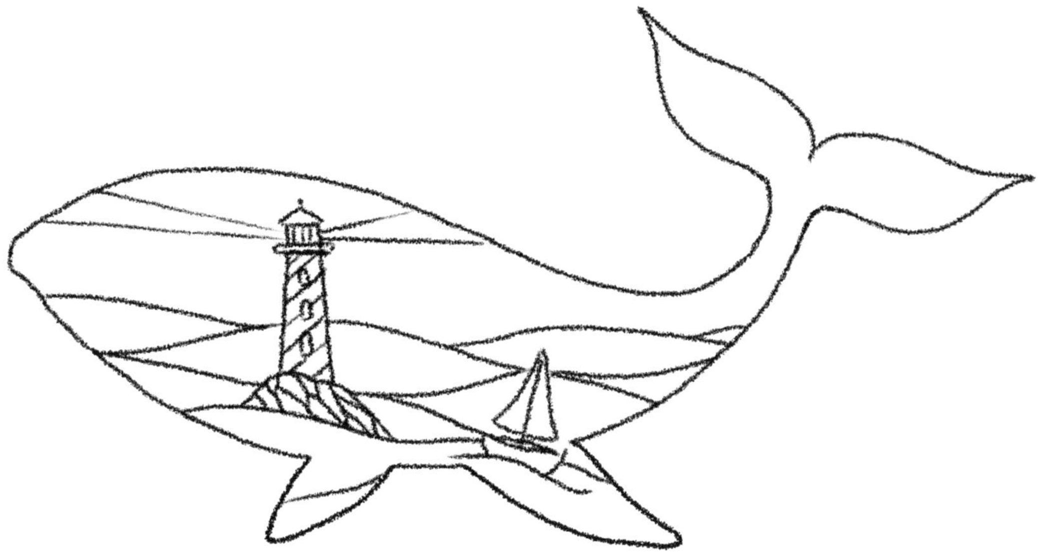

1. Zeichne mit dem Bleistift eine Walsilhouette oder übertrage die Vorlage aus dem Buch auf dein Papier. Zeichne im Walbauch einen kleinen Felsen, auf dem der Leuchtturm steht. Zwei Lichtkegel strahlen von dessen Spitze nach links und rechts. Zeichne ein kleines Segelboot, das in Richtung Bauchflosse treibt. Lege zum Schluss noch wabenförmige Wellen um Felsen und Segelboot an. Versuche, eine schöne Anordnung für die Wellen zu finden. Das kann manchmal bedeuten, dass du noch einmal etwas verbessern musst, bis alles passt. Aber genau dafür ist eine Skizze ja da.

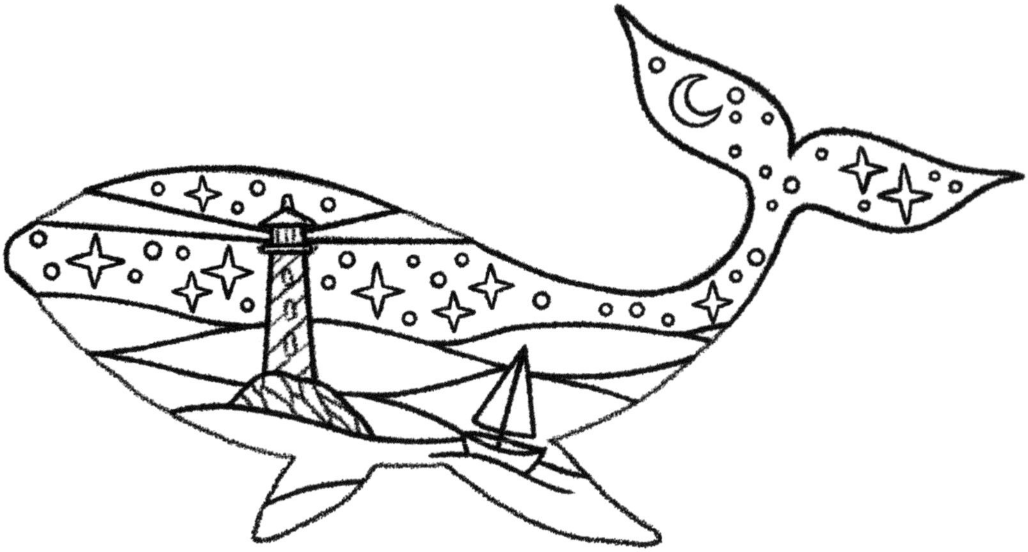

2.

Beginne jetzt damit, die Umrisse des oberen Teils des Wals mit dem Fineliner in Stärke 0.3 nachzuzeichnen. Achte darauf, dass die Bereiche, an denen die Lichtkegel auf die Silhouette treffen, frei bleiben. Die Umrisse des Leuchtturms, des Segelbootes und die Linien der Wellen kannst du mit dem Fineliner in Stärke 0.1 zeichnen. Die Enden der Wellen treffen auf die Silhouette. Füge zum Schluss mit der Kreisschablone einen Mond in die Schwanzflosse ein und zeichne viele kleine und große Sterne in den Himmel.

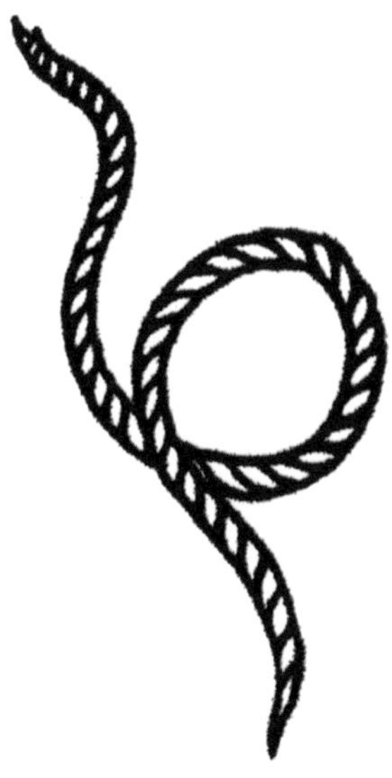

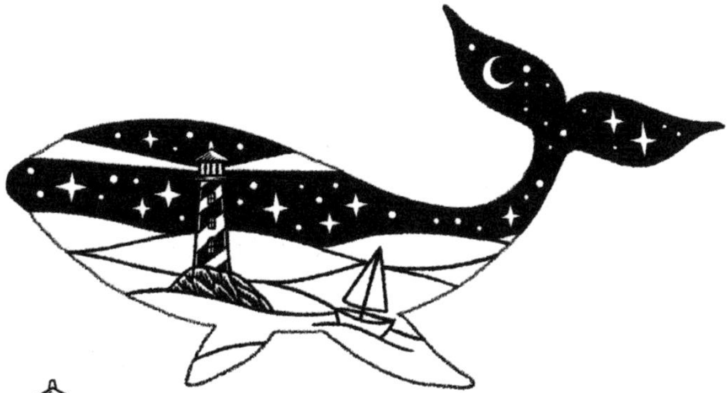

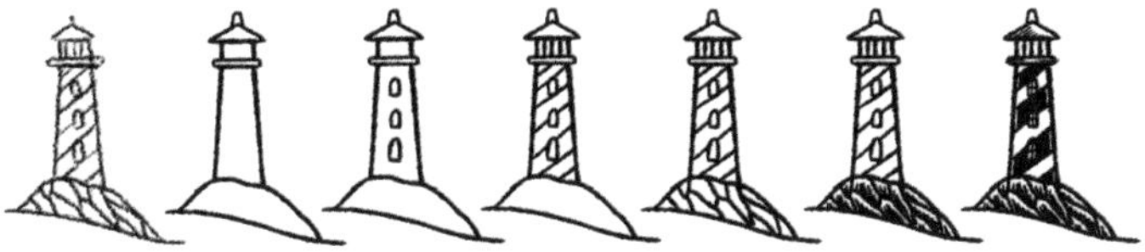

3. Mit dem dünnen Fineliner in Stärke 0.05 kannst du dich nun um den Leuchtturm kümmern. Es gibt hunderte verschiedener Leuchttürme, also lass deiner Fantasie freien Lauf. Schraffiere auch die Steine unter dem Leuchtturm von unten, sodass die obere Kante weiß bleibt.

4. Hast du den Leuchtturm detailliert ausgearbeitet, kannst du den Nachthimmel mit dem Fineliner in Stärke 0.3 füllen.

5. Widme dich im letzten Schritt den Wellen. Ziehe mit dem Fineliner in Stärke 0.1 von der spitzen Kante einer Welle eine geschwungene Linie bis zur anderen Seite. Wiederhole diesen Schritt in gleichmäßigen Abständen, bis die einzelnen Flächen gefüllt sind. Trifft eine Linie auf die Silhouette des Wals, endet sie dort. Im unteren Bereich der Wellen reicht es, die Linien einfach parallel durchlaufen zu lassen, bis auch die letzte Fläche gefüllt ist. Sobald die Tinte getrocknet ist, kannst du alle Bleistiftlinien wegradieren. Nutze den dünnen Fineliner, um letzte Details auf das Segelboot zu zeichnen.

TIPP

Die Lichtkegel des Leuchtturms unterbrechen die Walsilhouette und ergeben eine offene Fläche. Auch die Wellen enden sozusagen im „Nichts" und orientieren sich doch am Umriss des Wals. Beides trägt dazu bei, die Illustration interessanter zu gestalten.

PALM TREES **IN PARADISE**

Überall, wo sich Strand, Palmen und Mondlicht treffen, liegt ein kleines Paradies verborgen. Komposition und Aufbau des Motivs mit dem kleinen Haus, den überlangen Palmen und dem großen Vollmond strahlen Ruhe und Klarheit aus.

DU BRAUCHST:

Papier

Bleistift

Radiergummi

Geodreieck

Kreisschablone

Fineliner in den Stärken 0.05, 0.1, 0.3;
z. B. Faber-Castell Ecco Pigment

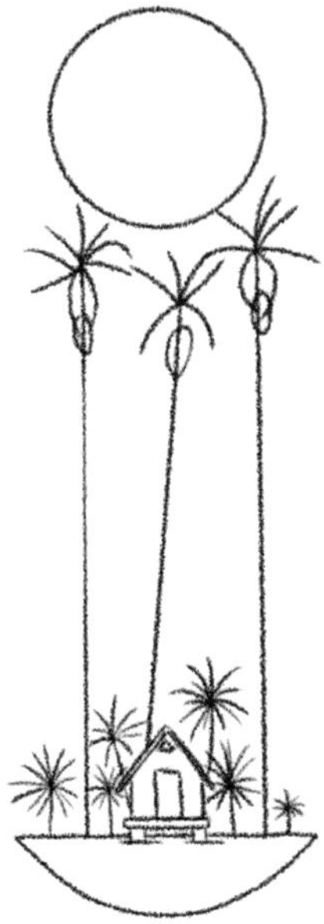

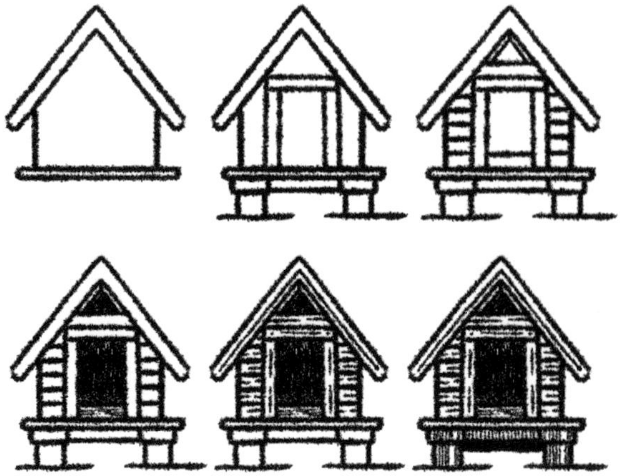

1. Starte wieder mit einer groben Bleistiftskizze. Zeichne zuerst die kleine Hütte, die auf Stelzen steht. Skizziere mithilfe des Geodreiecks dahinter auf die Horizontlinie die drei Stämme der großen Palmen. Füge am oberen Ende Kokosnüsse und das Blattwerk in Form geschwungener Linien hinzu. Oberhalb der Palmen kannst du mit Bleistift und Kreisschablone einen Vollmond einzeichnen. Komplettiere deine Skizze mit ein paar kleineren Palmen neben der Hütte und einem Halbkreis unterhalb der Hütte, der das Waser andeuten soll.

2. Arbeite die Holzhütte von außen nach innen aus. Starte bei den Umrissen mit dem Fineliner in Stärke 0.1 und füge Details wie Holzbretter und Schatten nach und nach mit dem dünnen Fineliner in Stärke 0.05 hinzu.

TIPP

Nicht alle Palmen müssen perfekt senkrecht stehen, so wachsen sie normalerweise ja auch nicht. Ändere den Winkel also von Palme zu Palme ein wenig, um das Bild dynamischer wirken zu lassen.

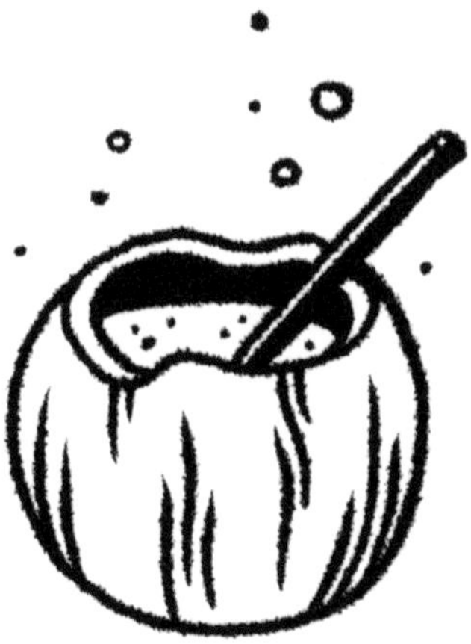

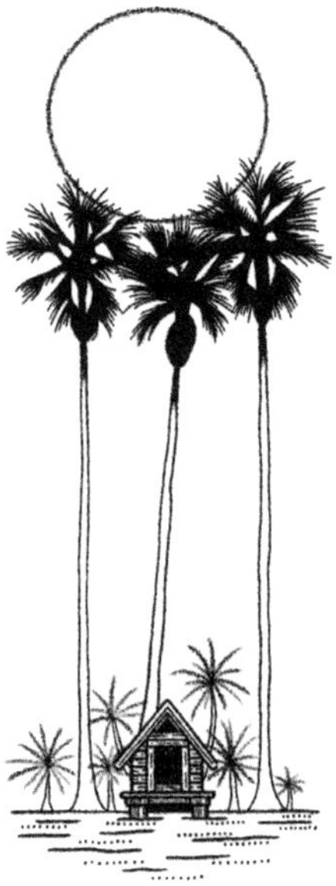

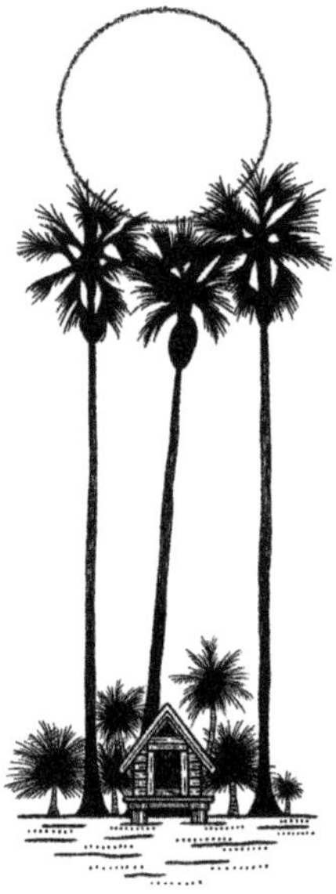

3\. Ziehe sowohl die Linie am Horizont als auch die für das Wasser im Halbkreis mit dem Fineliner in Stärke 0.3. Tupfe dann, versetzt zu den kurzen Strichen, kleine Punktlinien mit dem dünnen Fineliner. Nutze diesen auch, um die Stämme der Palmen zu zeichnen. Arbeite dann, am besten mit dem Fineliner in Stärke 0.1, an der Silhouette des Blattwerks der großen Palmen und fülle diese zum Schluss mit Schwarz. Radiere, sobald die Tinte getrocknet ist, die Skizze des unteren Teils der Zeichnung weg.

4\. Gib den langen Palmenstämmen Struktur, indem du sie mit Linien füllst, bis sie fast komplett ausgemalt sind. Dafür eignet sich der Fineliner in Stärke 0.1. Zeichne im Anschluss mit dem dünnen Fineliner die kleinen Palmen fertig, sodass ein kleiner Dschungel hinter der Hütte entsteht.

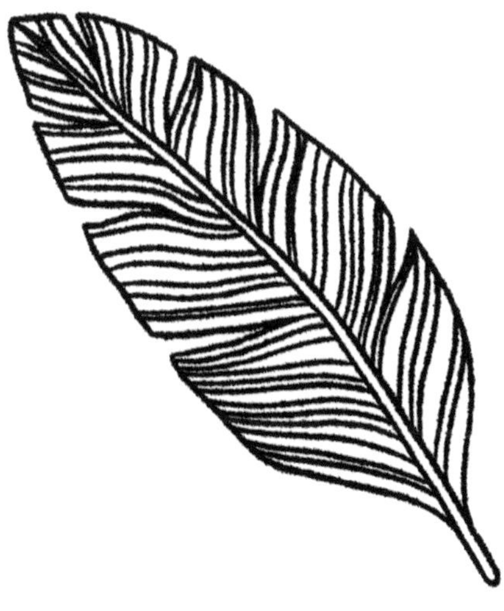

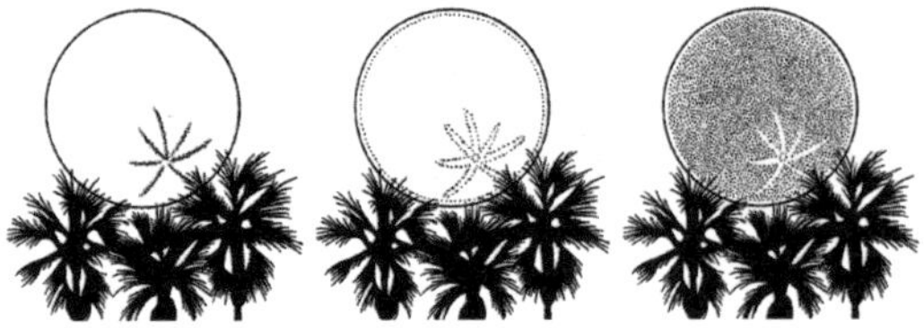

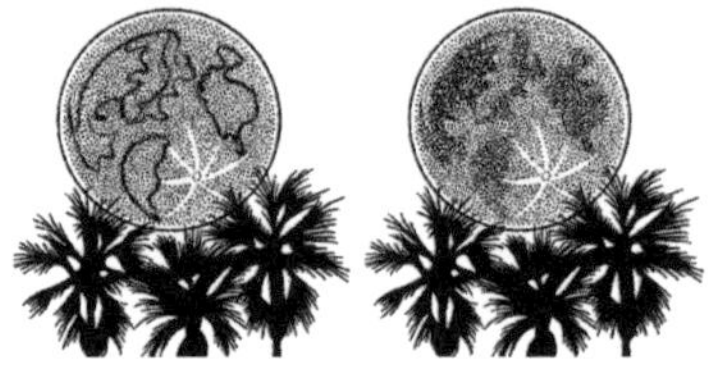

5. Ziehe mit dem Fineliner in Stärke 0.1 und mithilfe der Kreisschablone den Umriss des Vollmonds nach. Zeichne dann mit Bleistift ein paar geschwungene Linien in den unteren Bereich des Monds – sie stellen einen Krater dar. Tüpfele zuerst mit dem Fineliner in Stärke 0.1 mit kleinem Abstand zum Umriss des Mondes einen Kreis. Tüpfele dann die Konturen des Kraters nach. Starte anschließend damit, die komplette Fläche gleichmäßig zu tüpfeln. Nimm dir Zeit, damit ein ebenmäßiges Ergebnis entsteht.

6. Zeichne nun mit deinem Bleistift Flächen ein, die an Kontinente auf der Erde erinnern. Für mehr Kontrast kannst du diese nochmals intensiver tüpfeln, damit dunklere Stellen auf dem Mond entstehen.

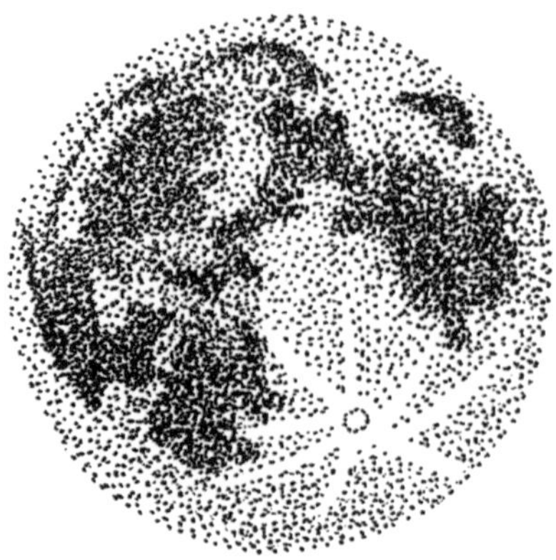

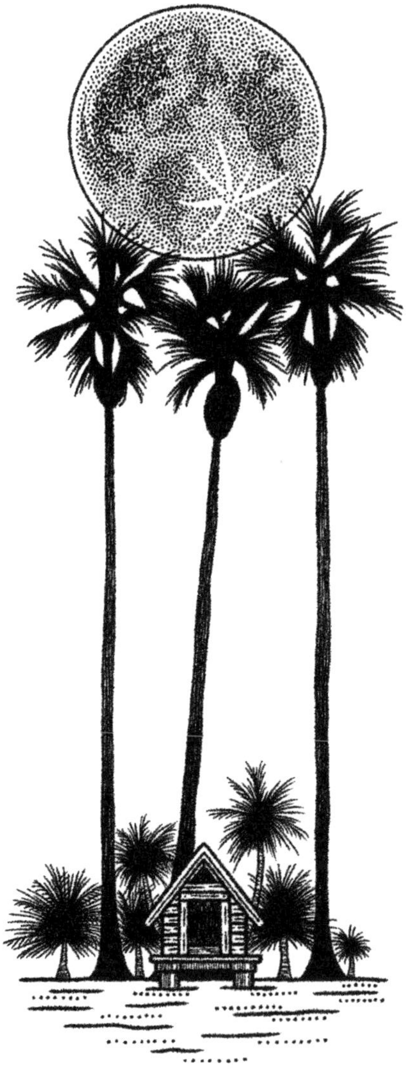

7. Radiere deine Skizze vorsichtig aus, wenn die Tinte getrocknet ist. Fertig ist dein Paradiesstrand!

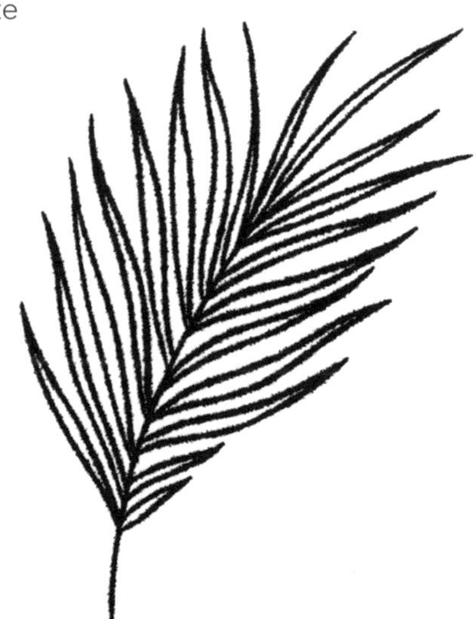

NOT ALL THOSE WHO WANDER **ARE LOST**

Wer ein Gefühl für die Welt in sich trägt, ist nie verloren, auch wenn er nicht weiß, wo er sich gerade befindet. Der Kompass zeigt keine Himmelsrichtungen an, sondern zeigt ein Stück Natur – genieße den Moment und lausche dem Klang der Wildnis.

DU BRAUCHST:

Papier

Bleistift

Radiergummi

Geodreieck

Kreisschablone

Fineliner in den Stärken 0.05, 01, 0.3;
z. B. Faber-Castell Ecco Pigment

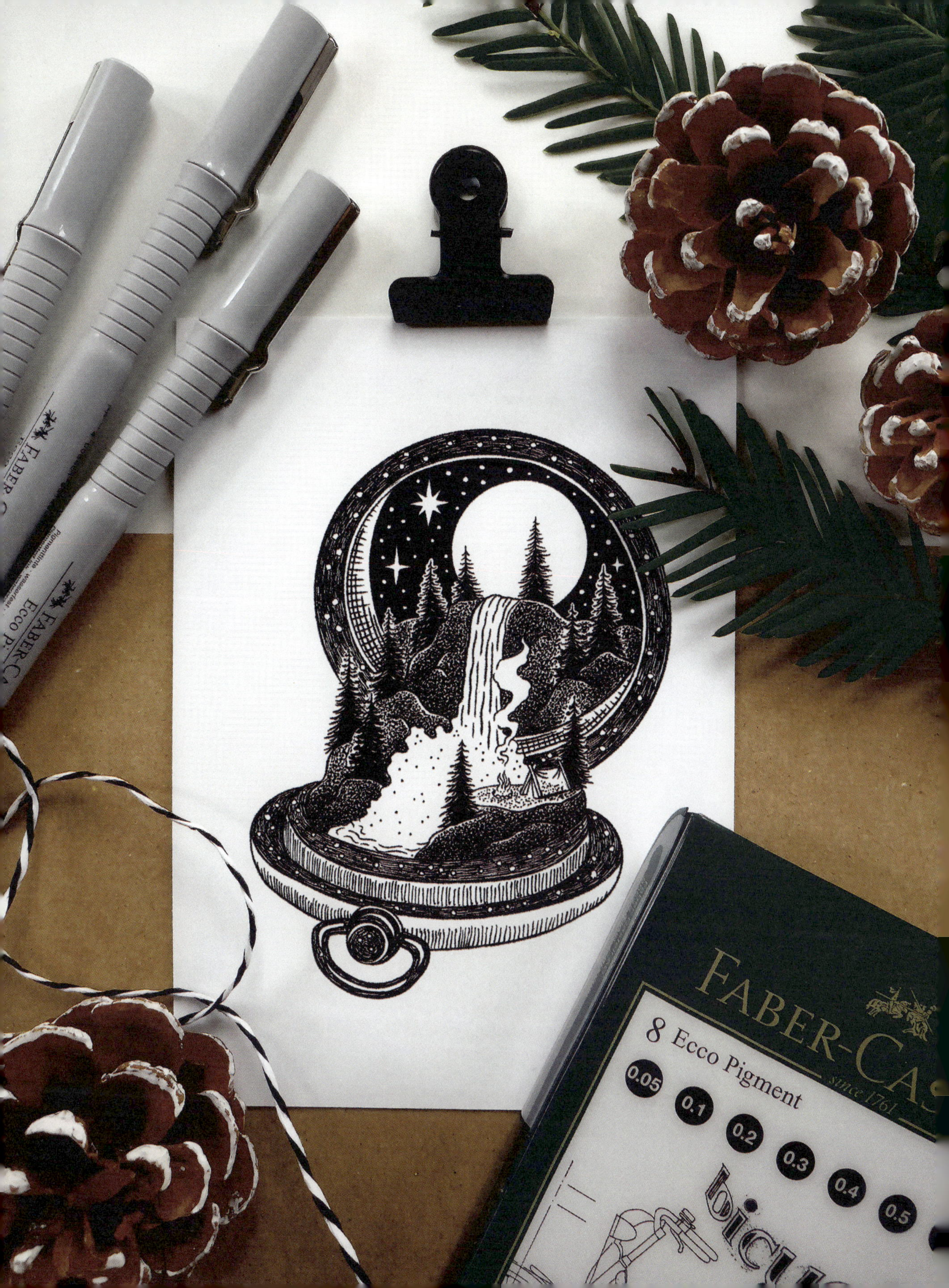
8 Ecco Pigment
since 1761
0.05
0.1
0.2
0.3
0.4
0.5

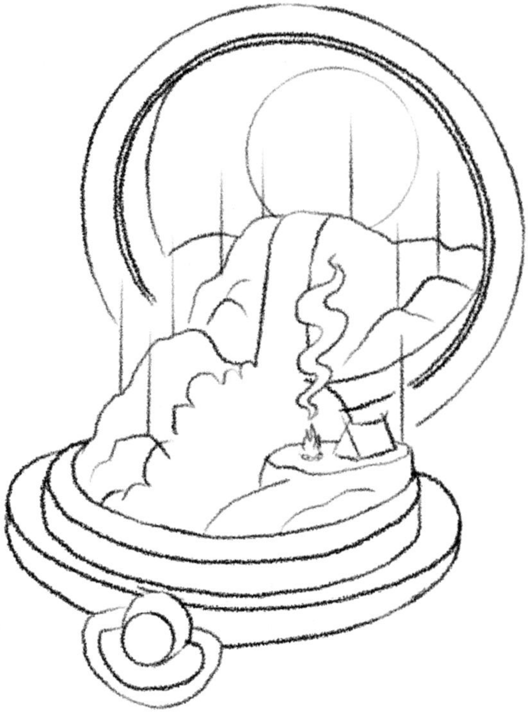

1. Konstruiere den Kompass mit Bleistift und Geodreieck oder übertrage die Vorlage aus dem Buch auf dein Papier. Zeichne ein kleines Steinplateau in den Vordergrund, auf dem ein Zelt samt Lagerfeuer Platz finden. Skizziere dann den Aufbau der Hügel und platziere den Wasserfall schön mittig. Lege vereinzelte, senkrechte Linien auf die Hügel, damit du weißt, wo später die Tannen stehen sollen. Ein mit der Kreisschablone gezeichneter Vollmond rundet die Skizze ab.

TIPP

Die Skizze muss nicht hundertprozentig akkurat werden. Ausbessern kannst du während des Zeichenprozesses immer noch.

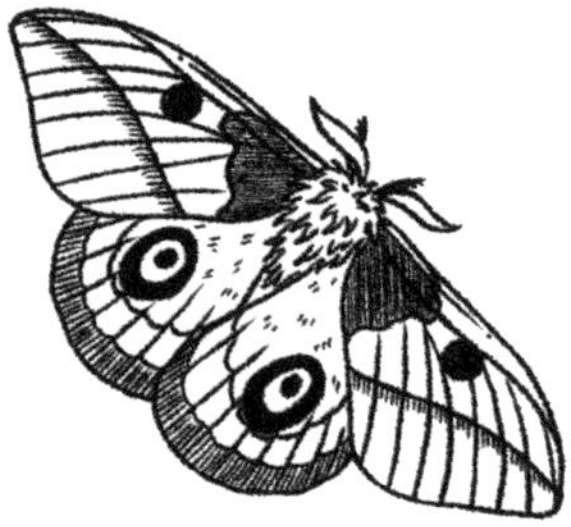

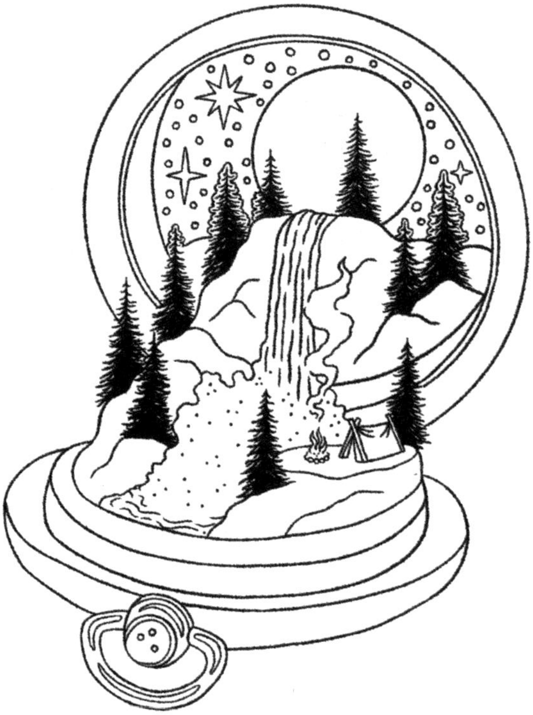

2. Zeichne mit dem Fineliner in Stärke 0.1 die Outlines des Kompasses und die Linien der Hügel samt Wasserfall nach. Arbeite langsam und setze deine Hand nach Möglichkeit mehrmals ab, um eine genaue Linie zu ziehen. Nutze den Fineliner auch, um Mond und Sterne in den Himmel zu zeichnen. Für Lagerfeuer, Rauch und Zelt kannst du den dünnen Fineliner in Stärke 0.05 verwenden. Auch der Verschluss des Kompasses erhält bereits seine Lichtreflexe. Nachdem du die Tannen mit dem Fineliner in Stärke 0.1 gezeichnet hast, kannst du die Tannenspitzen, die in den Himmel hineinragen, umranden. Füge außerdem schon ein paar Details in den Wasserfall, die ihn dynamischer wirken lassen. Entferne die Bleistiftskizze nach dem Trocknen der Tinte vorsichtig mit dem Radierer.

TIPP

Indem du die Tannen mit einer feinen Linie umrandest, heben sie sich später von der schwarzen Fläche ab.

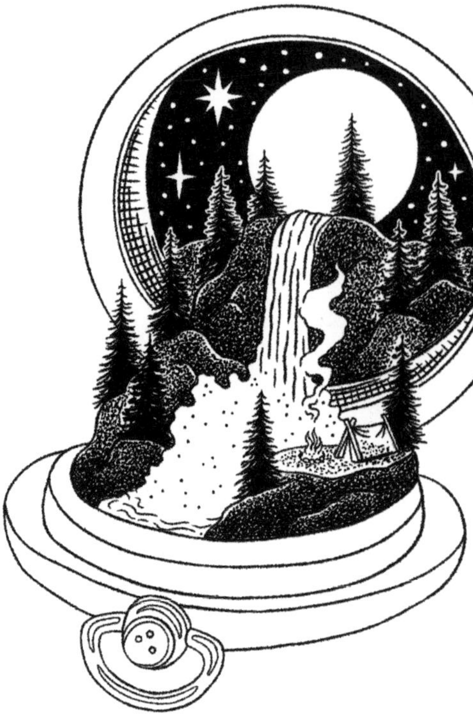

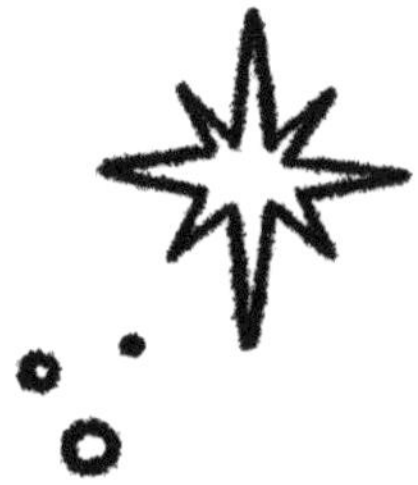

3.

Sobald du die Outlines der Zeichnung fertiggestellt hast, geht es ans Füllen der Flächen. Male den Himmel um den Vollmond herum mit dem Fineliner in Stärke 0.3 aus. Tüpfele anschließend mit dem Fineliner in Stärke 0.1 die Berge. Lasse dabei immer die oberen Kanten etwas heller stehen, damit man die Konturen noch erkennen kann. Das Plateau und Teile des Zeltes kannst du heller tüpfeln. Schraffiere dann den inneren Teil des Kompasses mit einer einfachen Kreuzschraffur, die sich an der gerundeten Form orientiert.

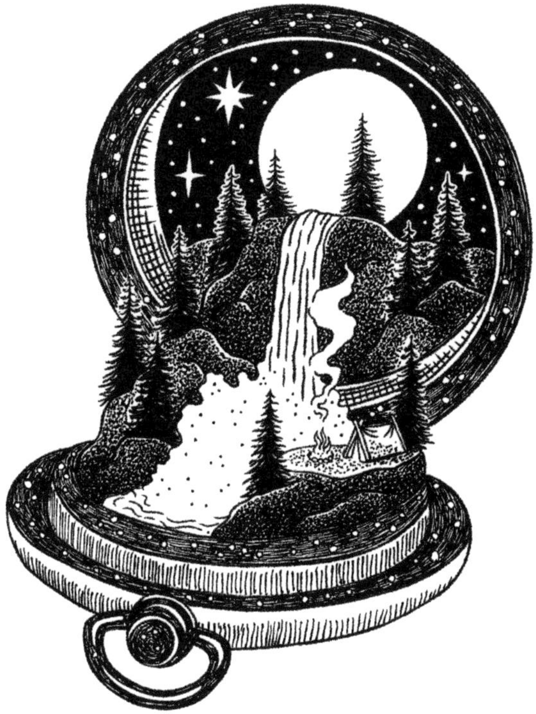

4. Widme dich nun noch dem Kompass. Zeichne in die Flächen seiner Randbereiche mit dem Fineliner in Stärke 0.1 kleine Kreise, genau wie beim Sternenhimmel. Schraffiere diese Flächen mit kurzen Strichen und folge dabei dem Kreisverlauf. Spare die zuvor gezeichneten Punkte aus – so entsteht eine einzigartige Oberfläche. Schattiere die zwei weißen Stufen mit senkrechten, kurzen Strichen. Verleihe auch der Verschlussöse Kontur, indem du sie mit einzelnen, kurzen Strichen füllst. Die zuvor angelegten Lichtreflexe bleiben weiß. Ist die Tinte komplett getrocknet, kannst du eventuelle Bleistiftreste entfernen.

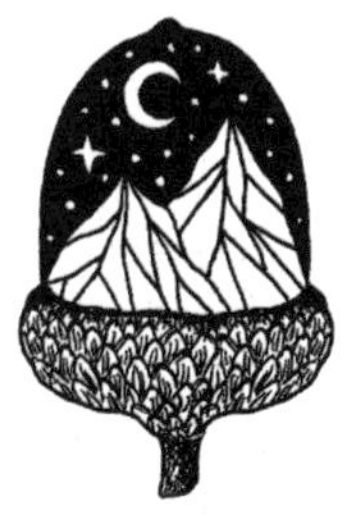

NIGHT IN THE FOREST

Ein kleines Zelt im großen Wald. Dieses Motiv zeigt wunderbar, wie sich mit Weißraum arbeiten lässt: Von den Bäumen sind lediglich ihre Silhouetten zu sehen. Diese erheben sich gegen den dunklen Nachthimmel und lassen trotzdem zu, dass wir sie als Bäume im Wald erkennen können.

DU BRAUCHST:

Papier

Bleistift

Radiergummi

Geodreieck

Zirkel

Kreisschablone

Fineliner in den Stärken 0.05, 0.1, 0.3;
z. B. Faber-Castell Ecco Pigment

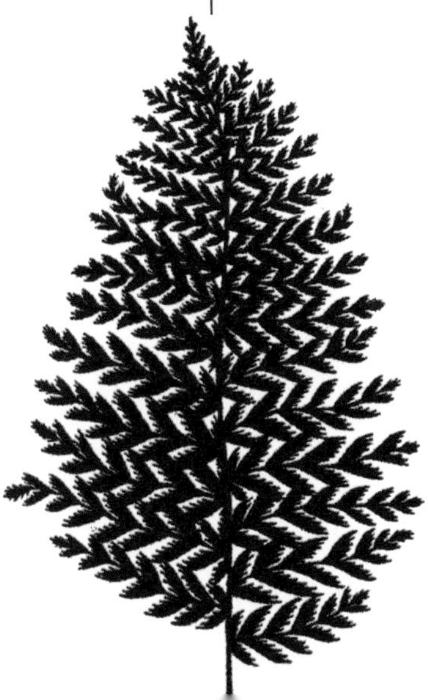

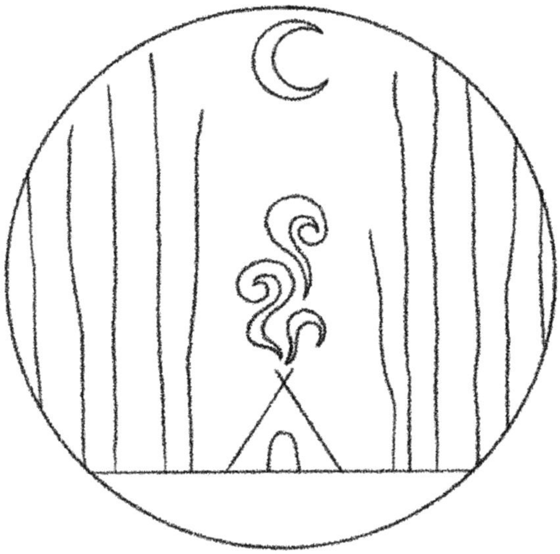

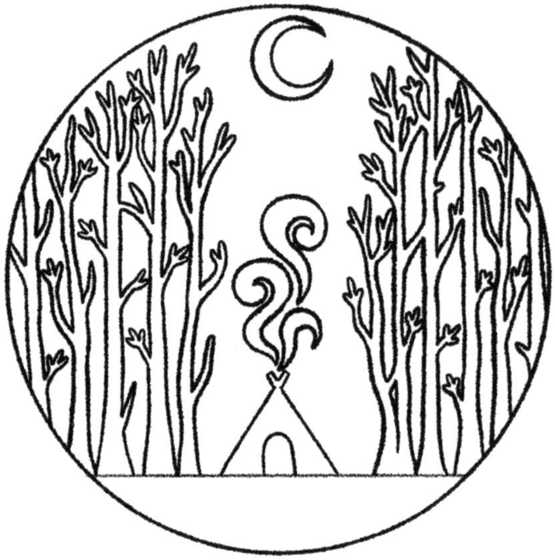

1. Zeichne mit dem Zirkel einen Kreis mit ungefähr 8 cm Durchmesser. Ziehe im unteren Bereich eine horizontale Linie und platziere darauf mittig ein Zelt, über dem ein bisschen Rauch schwebt. Zeichne mithilfe der Kreisschablone einen Mond ein. Ziehe zum Schluss ein paar senkrechte Linien auf beiden Seiten des Zeltes. Sie müssen nicht perfekt gerade werden, an ihnen orientieren sich später die Outlines der Bäume.

2. Zeichne mit dem Fineliner in Stärke 0.1 den großen Kreis nach. Fahre dann entlang der einzelnen Linien der Bäume deren Kontur nach. Füge dabei einzelne Abzweigungen und Verästelungen ein. Nutze denselben Fineliner, um Zelt, Rauch und Mond zu konturieren. Radiere, wenn die Tinte getrocknet ist, die skizzierten Linien der Baumstämme weg.

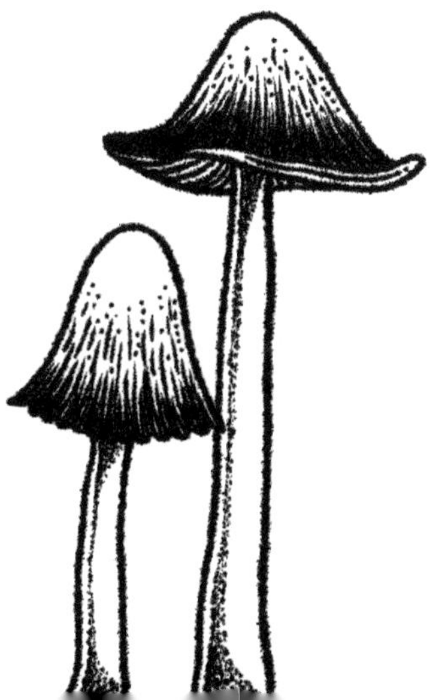

TIPP

Die Umrisse der Bäume können auch miteinander verschmelzen. Achte dabei darauf, dass die Flächen nahtlos ineinander übergehen, da sich sonst kein Negativ-Effekt einstellt.

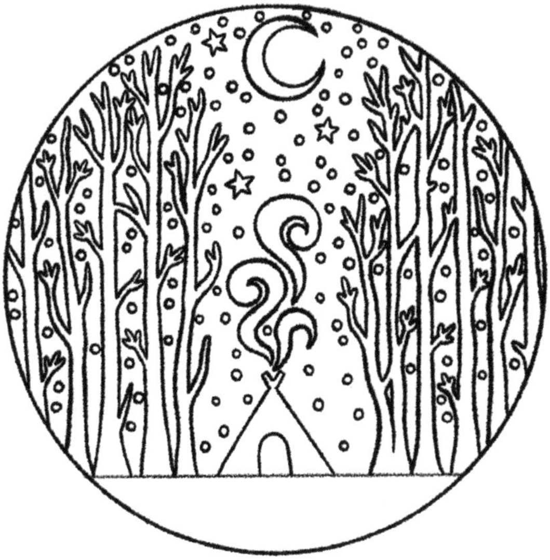

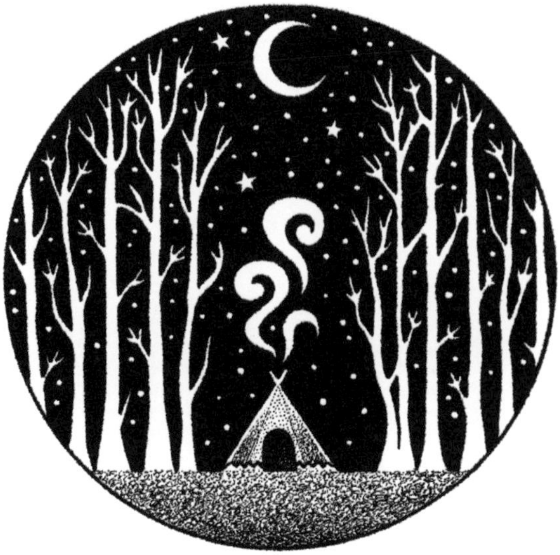

3. Zeichne, ebenfalls mit dem Fineliner in Stärke 0.1, ein paar kleine, gezackte Sterne und fülle den restlichen Himmel und auch die Zwischenräume der Bäume mit vielen kleinen Kreisen für die übrigen Sterne. Die Outlines sind somit komplett.

4. In den Verzweigungen der Äste sind viele kleine Ecken vorhanden – fülle diese deshalb zuerst mit dem Fineliner in Stärke 0.1, bevor du mit dem Fineliner in Stärke 0.3 den Nachthimmel ausmalst. Lasse dabei Bäume, Sterne, Mond, Zelt und Rauch weiß. Für die kleinen Details am Zelt kommt der Fineliner in Stärke 0.05 zum Einsatz. Tüpfele im letzten Schritt den Boden unter Zelt und Bäumen mit dem Fineliner in Stärke 0.1. Nutze dabei die horizontale Bleistiftlinie als Abgrenzung. Werde zum unteren Ende hin dunkler, um einen kleinen Verlauf zu erzeugen. Tüpfele den Bereich dort also stärker. Radiere die Bleistiftskizze vorsichtig weg, wenn die Tinte komplett getrocknet ist.

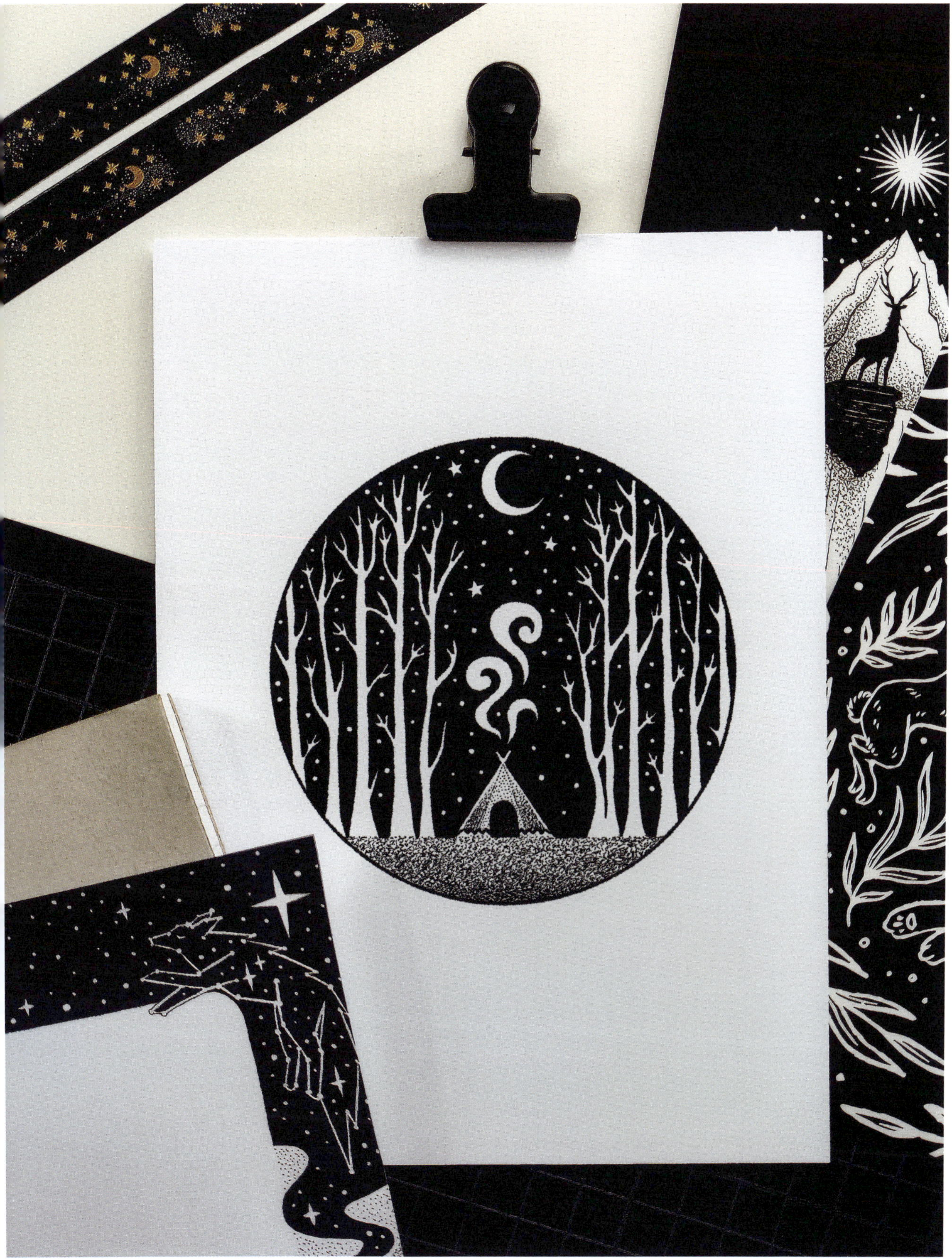

TRUST THE **UNIVERSE**

Das Universum schenkt uns unsere Zeit – was wir damit anstellen, bleibt uns überlassen. Und manchmal dürfen wir darauf vertrauen, dass die Zeit, die wir gerade durchleben, am Ende einen Sinn ergibt. Das Motiv der Sanduhr ist der passende Rahmen dafür.

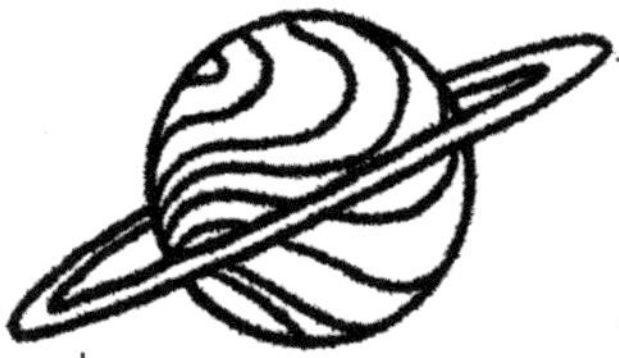

DU BRAUCHST:

Papier

Bleistift

Radiergummi

Geodreieck

Kreisschablone

Fineliner in den Stärken 0.05, 0.1, 0.2, 0.5;
z. B. Faber-Castell Ecco Pigment

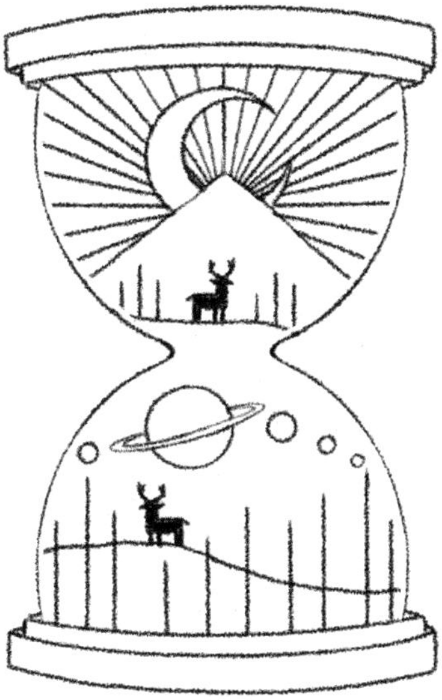

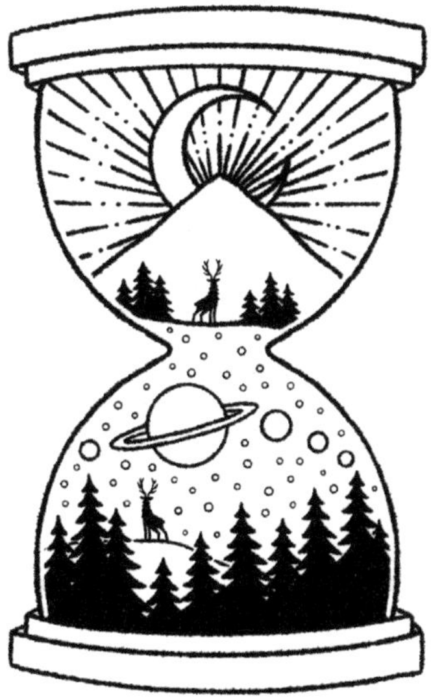

1. Skizziere zunächst den Inhalt der Sanduhr. Zeichne dafür in beide Hälften eine Linie für den Boden ein, auf dem je ein kleiner Hirsch als Platzhalter steht. Ziehe mit dem Geodreieck um die Hirsche einige senkrechte Linien, die später zu Tannen werden. Die untere Hälfte der Sanduhr erhält eine kleine Planetenkonstellation, die sich über den Himmel erstreckt. In der oberen Hälfte breitet sich eine klassische Naturszene aus, mit Berg, einem mit Kreisschablone gezeichneten Sichelmond und Strahlen, die ihren Ursprung in der Mitte dieser Glashälfte haben.

TIPP

Statt die Vorlage zu nutzen, kannst du die Sanduhr auch ganz einfach selbst mit Geodreieck und Bleistift konstruieren.

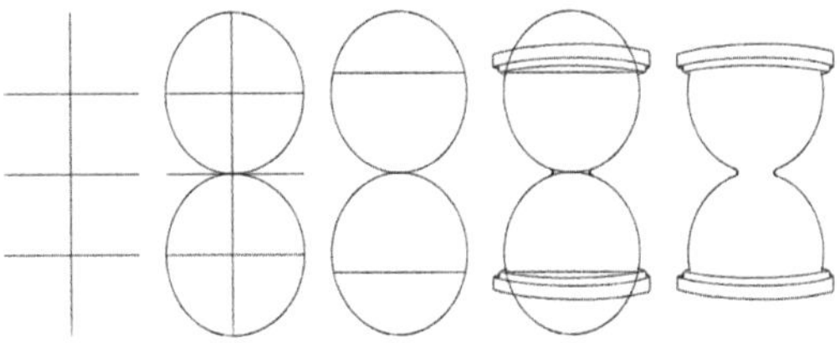

2. Ziehe nun mit dem Fineliner in Stärke 0.5 sorgfältig die Outlines von Sanduhr, Berg und Strahlen nach. Nutze für den Mond ruhig nochmal die Kreisschablone und achte darauf, die vorgezeichneten Strahlen nicht durchzuziehen – ein paar Unterbrechungen, mit einzelnen Punkten zwischen den Linien, machen die Strahlen interessanter. Ziehe mit dem Fineliner in Stärke 0.1 die Bodenlinien und die Planeten nach und zeichne die Tannen. Setze noch kleine Sterne in den Nachthimmel um die Planeten. Danach kannst du dich mit dem dünnen Fineliner in Stärke 0.05 an die Ausarbeitung der beiden kleinen Hirsche machen. Radiere dafür die Platzhalter weg und zeichne gegebenenfalls noch einmal genauer vor, bevor du den Fineliner dafür einsetzt.

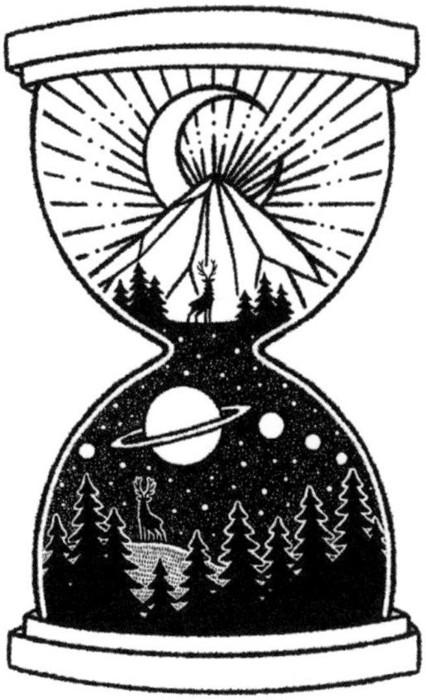

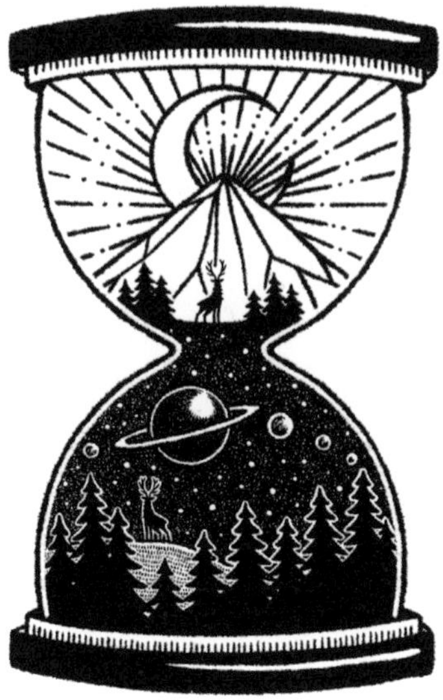

3. Um den Nachthimmel abzugrenzen, ziehst du mit dem Fineliner in Stärke 0.1 und mit einem kleinen Abstand zur Wand der Sanduhr auf beiden Seite eine Linie. Umrunde auch Baumspitzen und Hirsch mit einer feinen Linie. Fülle dann in einer Technik deiner Wahl den Himmel. Wenn es schnell gehen soll, malst du den Himmel komplett schwarz aus. Ich habe mich für das Tüpfeln entschieden, dafür kannst du den Fineliner in Stärke 0.1 verwenden. Zeichne danach mit dem dünnen Fineliner kleine Linien in den Bereich unter dem Hirsch und mit dem Fineliner in Stärke 0.2 die kleinen Strichlinien in den Berg.

4. Setze im letzten Schritt einen Lichtreflex auf jede Standfläche der Uhr und male die Flächen anschließend mit dem Fineliner in Stärke 0.5 aus. Den inneren Bereich der Standflächen schraffierst du mit dem Fineliner in Stärke 0.2. Den letzten Schliff gibst du deiner Zeichnung mit der Schraffur der Planeten. Lass auch bei ihnen eine Seite für einen Lichtreflex frei und schattiere den Rest sorgfältig mit einem kleinen Abstand zum Umriss. Wenn alles gut getrocknet ist, kannst du die Bleistiftskizze vorsichtig mit dem Radierer wegradieren.

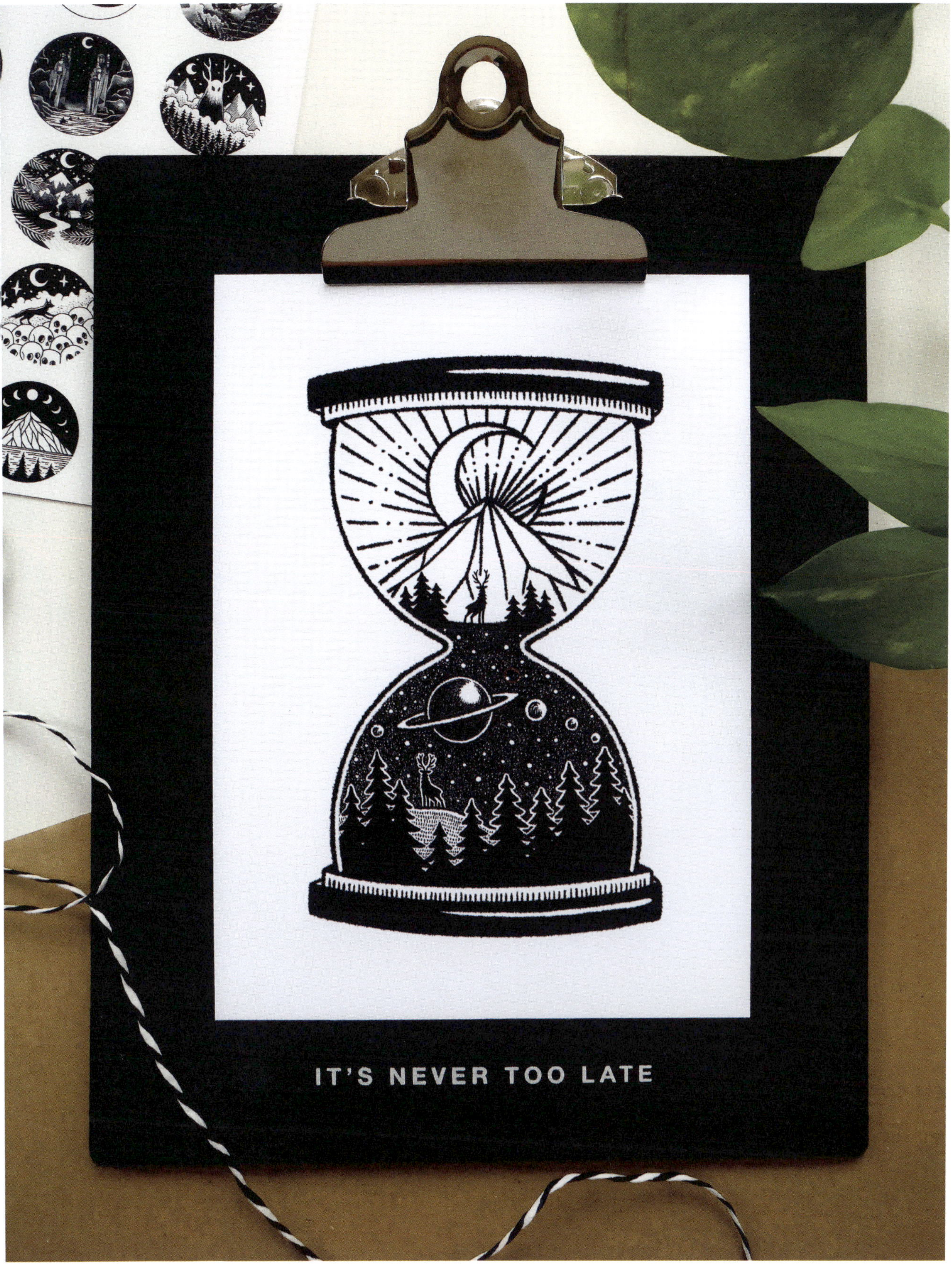
IT'S NEVER TOO LATE

SEEK MAGIC **EVERYWHERE**

Der „Terrarium-Stil" gibt mir die Möglichkeit, Traumwelten in durchsichtigen Gefäßen festzuhalten. Große Pilze, kleines Haus – bei dieser Illustration findet im Glas ein Perspektivwechsel statt. So kann man den Fokus auf die kleinen, unscheinbaren Dinge legen, die bei genauerem Hinsehen sehr einzigartig und besonders sein können.

DU BRAUCHST:

Papier

Bleistift

Radiergummi

Fineliner in den Stärken 0.05, 0.1, 0.3;
z. B. Faber-Castell Ecco Pigment

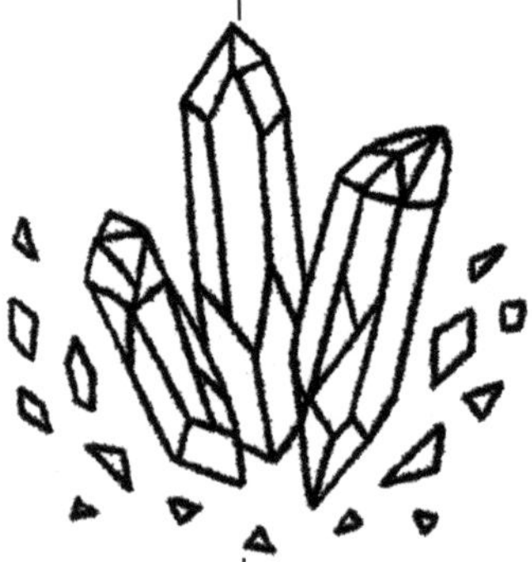

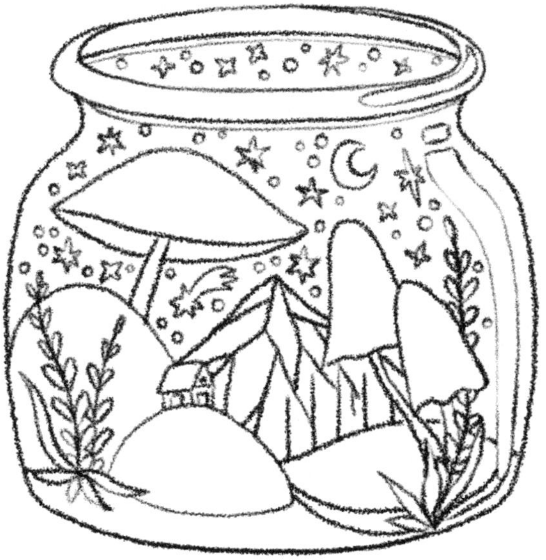

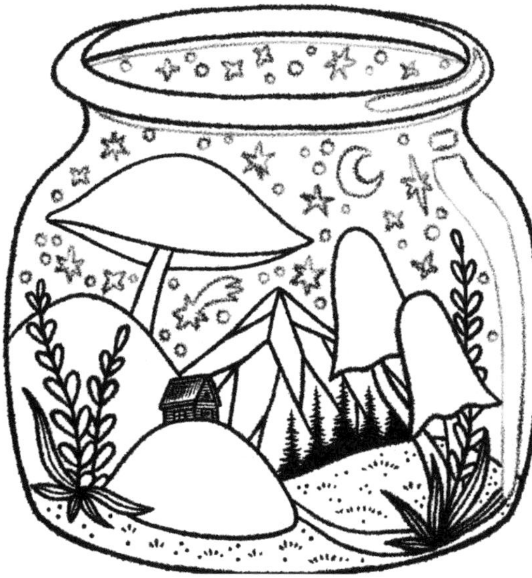

1. Skizziere mit Bleistift das offene Glasgefäß oder übertrage die Vorlage aus dem Buch auf dein Papier. Füge zuerst ein paar Lichtreflexe auf einer Seite des Glases ein, die bis zum Schluss frei bleiben. Baue dann das Innenleben auf. Beginne mit den Pilzen und Pflanzen im Vordergrund, füge die zwei Steine samt kleiner Holzhütte hinzu und überdache das Ganze mit einem großen Pilz. Deute mit senkrechten Linien auf einem Hügel im Hintergrund Tannen an, zeichne einen großen Berg und ganz viele unterschiedliche Sterne in den übrigen Bereich des Glases.

2. Beginne nun mit dem Nachzeichnen der Umrisslinien des Glases. Nutze dafür den Fineliner in Stärke 0.3. Verwende denselben Fineliner, um die Umrisse der im Glas platzierten Elemente nachzuziehen. Arbeite die Details der Tannen und der kleinen Hütte mit dem dünnen Fineliner in Stärke 0.05 aus. Füge der Wiese im Vordergrund mit dem Fineliner in Stärke 0.1 kleine, gestrichelte Linien hinzu und setze vereinzelte Punkte dazwischen.

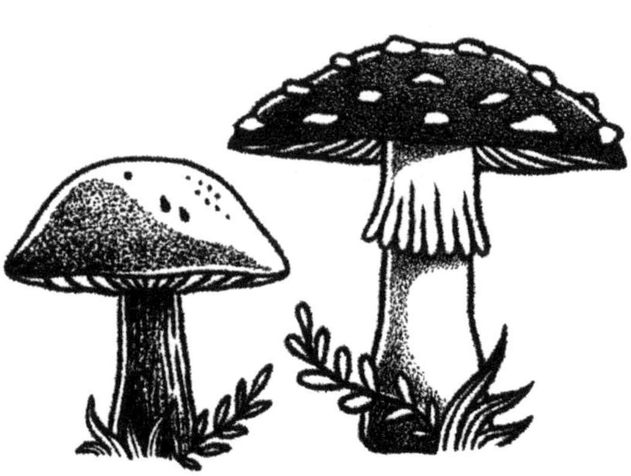

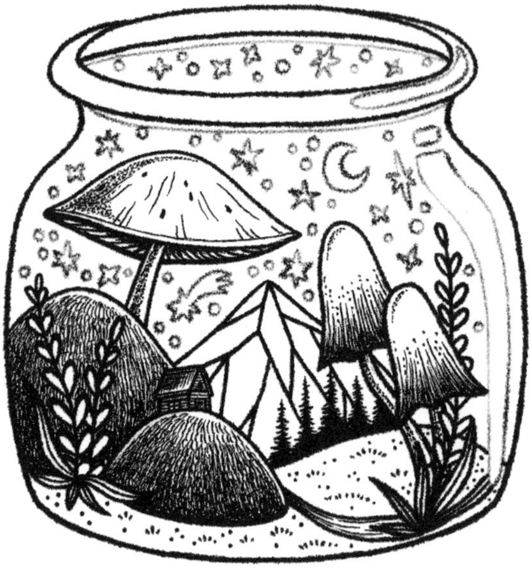

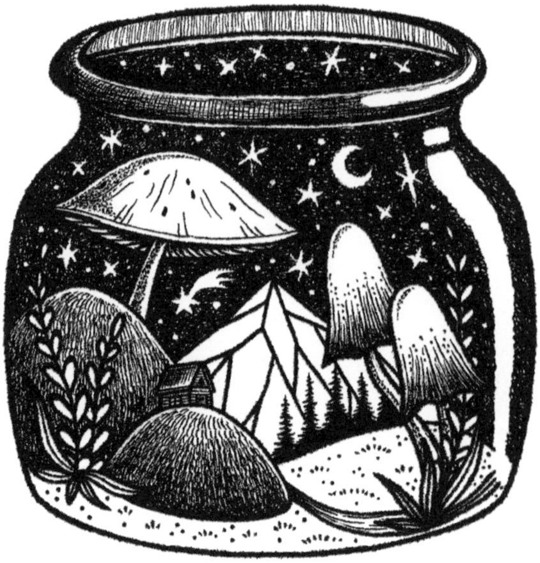

3. Für die Details eignen sich die Fineliner in den Stärken 0.05 und 0.1. Verleihe den Pilzen mit verschiedenen Schattierungstechniken Tiefe und Struktur und schattiere die Steine mit kleinen, aneinandergereihten Bahnen aus kurzen Strichen. Versuche, unterschiedliche Tonwerte zu erzeugen, sodass die untere Seite dunkler erscheint. Ziehe außerdem ein paar einzelne Linien in den Bereich des Pfades, damit er einen guten Kontrast zur restlichen Wiese bildet.

4. Nimm den Fineliner in Stärke 0.1 zur Hand und zeichne den Himmel. Dieser besteht nicht aus einzelnen Punkten, sondern wird einfach „gekritzelt". Zeichne dafür in einer sich wiederholenden, kreisenden Bewegung kleine Kreise übereinander. Du musst den Stift dafür nicht einmal absetzen. So entsteht eine dunkle Fläche, die dennoch viele kleine weiße Zwischenräume durchscheinen lässt. Fülle den kompletten Himmel mit dieser Technik und lass Sterne, Mond und die Lichtreflexe frei. Zum Schluss widmest du dich dem Glasrand, der mit einfacher Schraffur und Kreuzschraffur gefüllt wird. Nutze dafür ebenfalls den Fineliner in Stärke 0.1. Ist alles gut getrocknet, kannst du die Bleistiftskizze vorsichtig wegradieren.

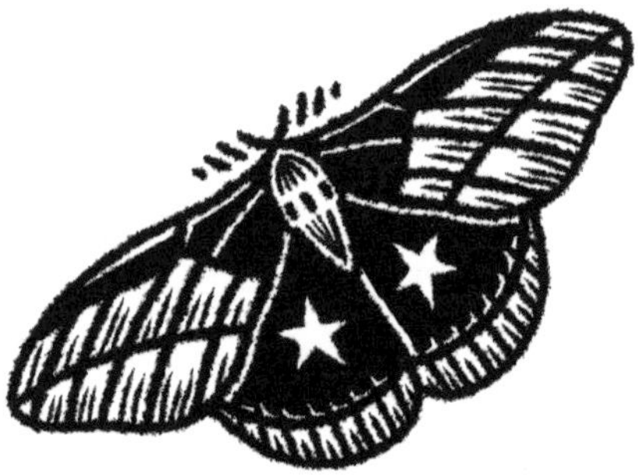

TIPP

Möchtest du den Himmel schneller ausmalen, kannst du ihn mit dem Fineliner in Stärke 0.3 komplett schwarz füllen.

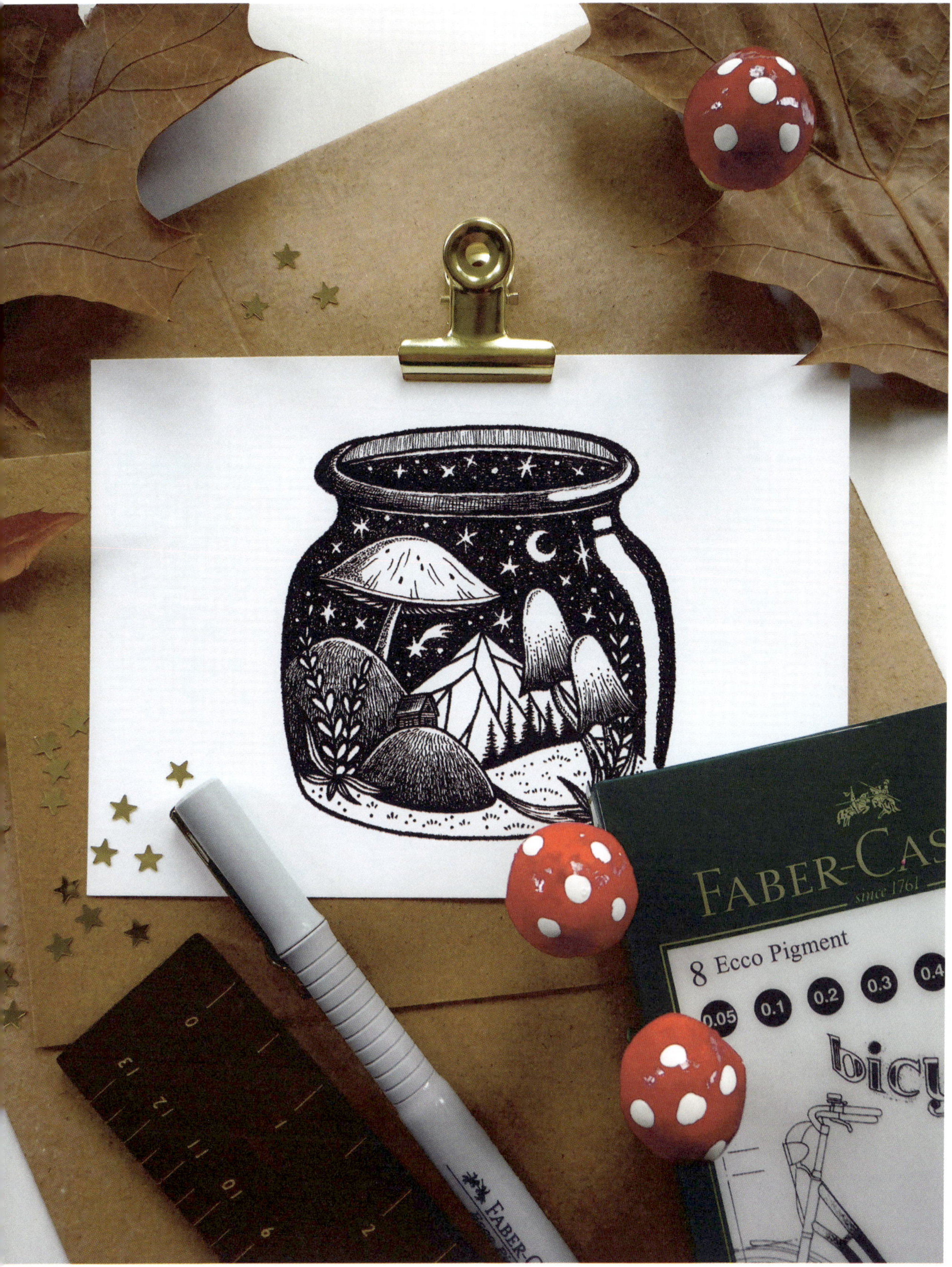
since 1761
8 Ecco Pigment
0.05
0.1
0.2
0.3
0.4

ADVENTURE **AWAITS**

Eine Holzhütte, irgendwo im Nirgendwo. Um dich herum Berge, Wälder und ein großer See. Was wirst du heute unternehmen? Eine Runde schwimmen, den Berg besteigen oder die Natur erkunden? Eines steht jedenfalls fest: Ein kleines Abenteuer wartet da draußen auf dich. Und abends kannst du dich vor den Kamin in der gemütlichen Holzhütte setzen und deine Erlebnisse Revue passieren lassen.

DU BRAUCHST:

Papier

Bleistift

Radiergummi

Geodreieck

Kreisschablone

Fineliner in den Stärken 0.05, 0.1, 0.2;
z. B. Faber-Castell Ecco Pigment

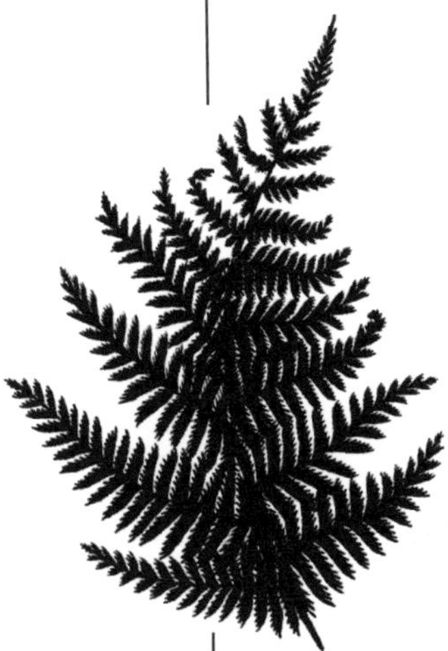

Durch dieses Projekt führe ich dich ausnahmsweise ohne die übliche Bleistiftskizze. Wenn du magst, kannst du trotzdem wie bisher jeden Schritt mit Bleistift vorzeichnen. Die Flasche selbst kannst du mit einem Geodreieck selbst konstruieren oder du überträgst die Vorlage auf dein Papier.

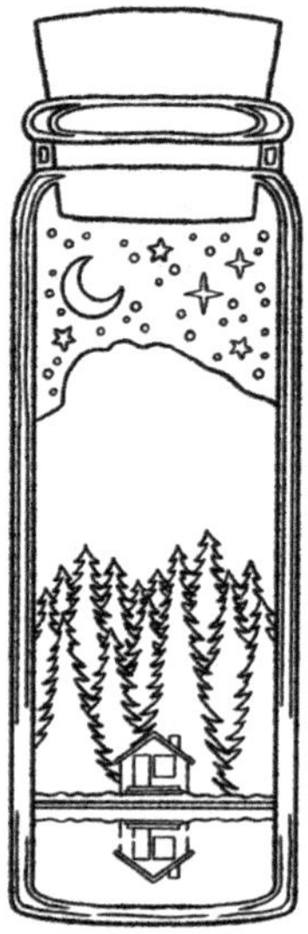

1. Zeichne mithilfe deines Geodreiecks und mit dem Fineliner in Stärke 0.2 die Umrisse von Glasflasche und Korken. Am dicken Rand der Öffnung kannst du mit dem Fineliner in Stärke 0.1 ein paar kleine Flächen einzeichnen, die später dabei helfen, die Flasche plastischer wirken zu lassen. Zeichne dann mit demselben Fineliner eine horizontale Linie in den unteren Bereich der Flasche und setze eine kleine Hütte mittig darauf. Spiegele diese mithilfe des Geodreiecks an der horizontalen Linie.

2. Für den Wald hinter der Hütte verwendest du am besten den Fineliner in Stärke 0.1. Beginne mit den Tannen im Vordergrund und füge weitere im Hintergrund hinzu, bis eine geschlossene Waldfläche entstanden ist. Achte darauf, dass sich die Linien nicht überschneiden. Danach zeichnest du mit einigem Abstand über dem Wald einen Hügel und füllst die Fläche darüber mit Mond und Sternen.

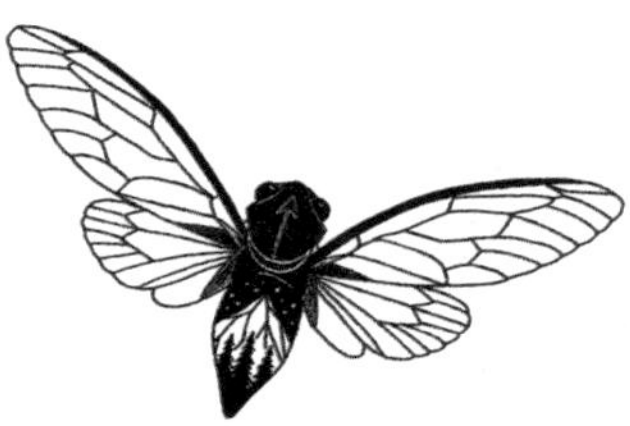

TIPP

Wenn du die Szene lieber heller gestalten möchtest, kannst du anstelle des Nachthimmels auch eine Sonne oder Wolken zeichnen.

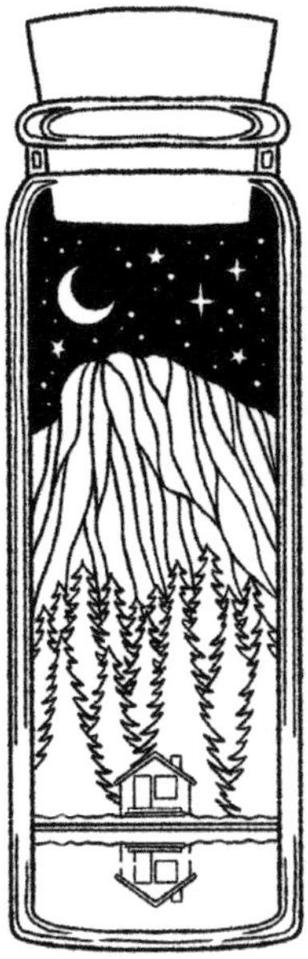

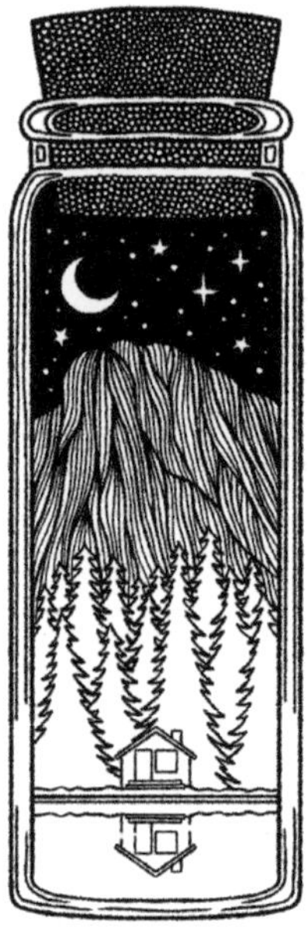

3. Male den Nachthimmel, abgesehen von den Himmelskörpern, komplett mit dem Fineliner in Stärke 0.2 aus. Zeichne anschließend, ausgehend von der oberen Bergkante, mit dem Fineliner in Stärke 0.1 geschwungene Linien in Richtung der Bäume. Diese können sich berühren und an der entsprechenden Stelle enden, überschneiden sollten sie sich jedoch nicht.

4. Verwende nun deinen dünnen Fineliner in Stärke 0.05, um die Zwischenräume der soeben entstandenen Formen zu füllen. Ziehe dafür feine Linien, die sich nicht berühren sollten, vom jeweils oberen Ende der Fläche zur unteren. Den Korken kannst du mit kleinen, aneinandergereihten Kreisen füllen. Das klappt auch mit größeren Kreisen als bei der hier vorgestellten Variante.

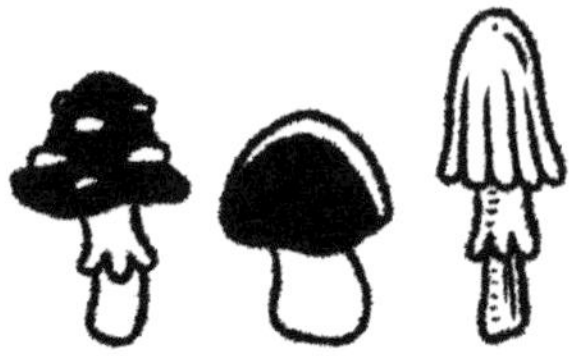

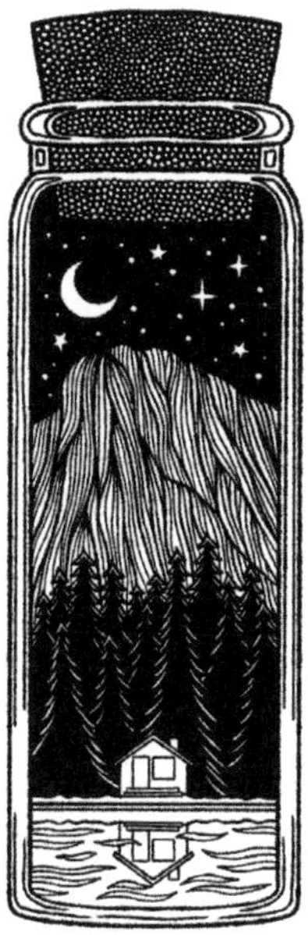

5. Jetzt wird es etwas detaillierter: Ziehe mit deinem dünnen Fineliner im Inneren der Tannen die obere Seite der Zacken mit einem kleinen Abstand nach. Dieser entstandene Raum bleibt weiß, die restliche Tanne kannst du mit dem Fineliner in Stärke 0.1 ausmalen. Beginne am besten wieder im Vordergrund und arbeite dich nach hinten vor. Füge dann ein paar Wellenformen in den Bereich des Wassers ein.

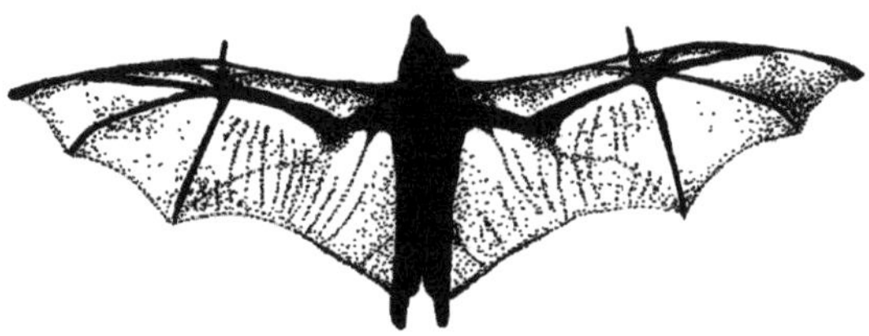

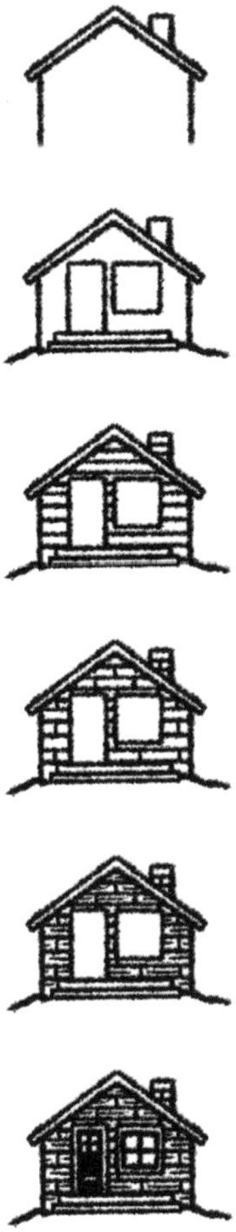

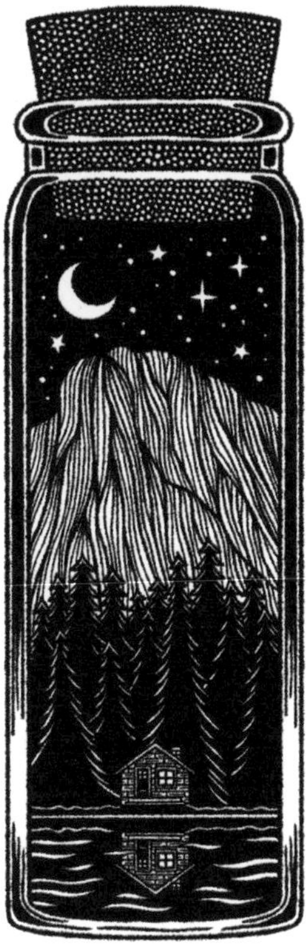

6. Fülle die Wasserfläche mit dem Fineliner in Stärke 0.2. Nutze denselben Fineliner, um die Glaswand der Flasche auszumalen. Mit deinem dünnen Fineliner kannst du die Hütte und ihr gespiegeltes Ebenbild noch detaillierter ausarbeiten. Solltest du mit Bleistift vorgezeichnet haben, warte, bis die Tinte getrocknet ist und radiere dann die Skizze vorsichtig weg.

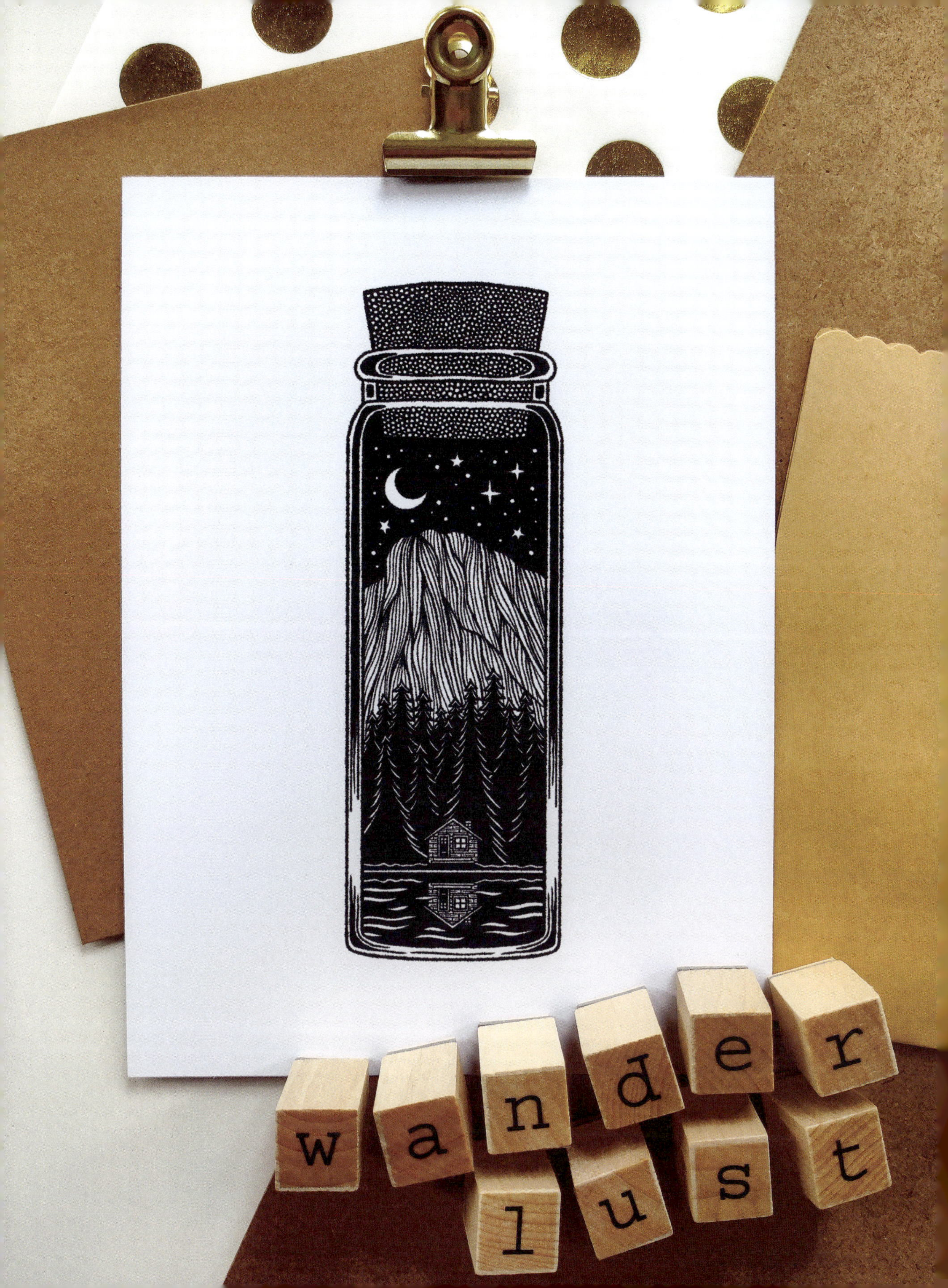
wander
lust

WINTER
WONDERLAND

Ist es nicht ein magisches Gefühl, eine Schneekugel zu schütteln? Die kleinen Schneeflocken wirbeln durch die Luft und lassen sich langsam auf der Oberfläche der kleinen Welt nieder, die man in den Händen hält. Diese kleinen Traumwelten sind sehr vielgestaltig – warum sich also nicht selbst ein paar Szenarien ausdenken? Vielleicht zeichnest du deine nächsten Weihnachtskarten ja ab jetzt selbst …

DU BRAUCHST:

Papier

Bleistift

Radiergummi

Geodreieck

Zirkel

Fineliner in den Stärken 0.05, 0.1, 0.2, 0.5;
z. B. Faber-Castell Ecco Pigment

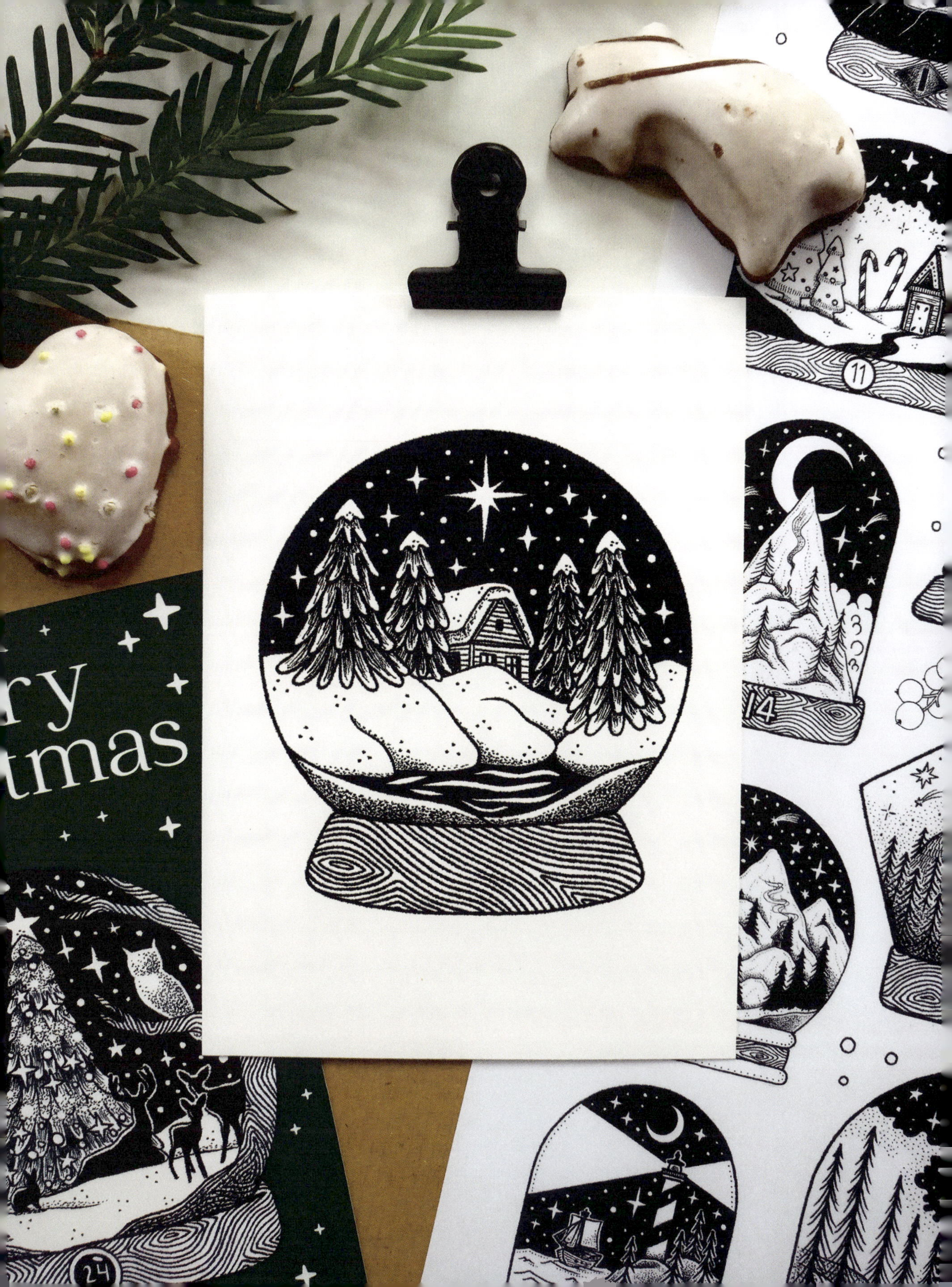
11
ry
tmas
14
24

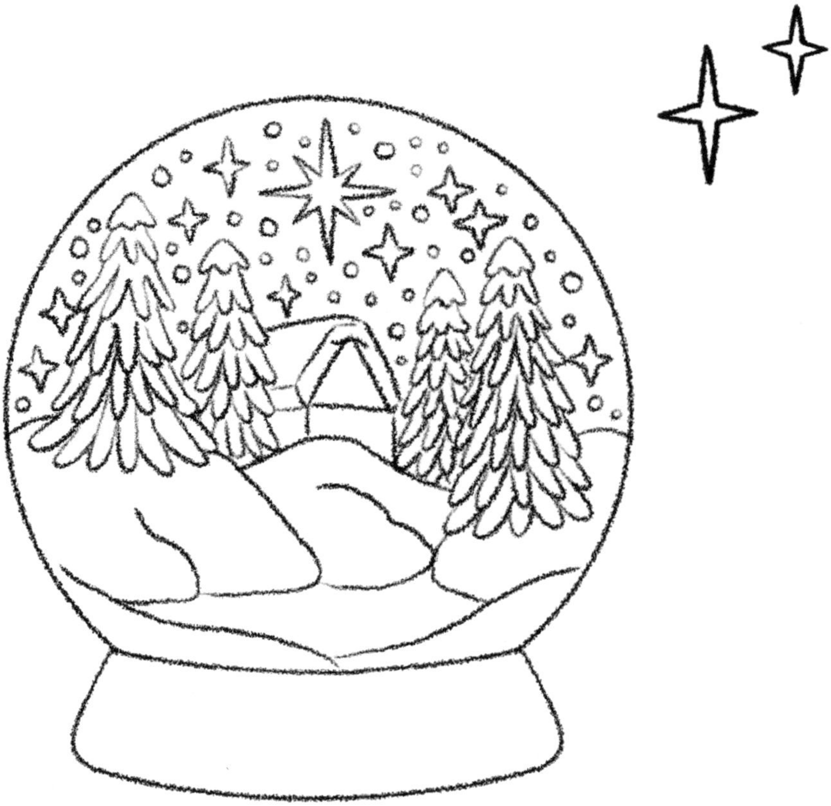

1. Zeichne mithilfe des Zirkels einen großen Kreis und setze einen Sockel darunter. Skizziere dann die winterliche Szene, indem du zuerst die Schneehügel und den See einzeichnest. Setze dann die Tannen auf die oberen Hügel und arbeite sie bereits ein bisschen aus. Deute eine versteckte, schneebedeckte Hütte in der Mitte zwischen zwei Tannen an. Zeichne einen großen Stern und verteile viele kleinere über den restlichen Himmel.

TIPP

Die Tannen sind mit Schnee bedeckt. Versuche deshalb, die Zweige mit runden Formen auszuarbeiten, um einen fluffigen Effekt zu erzeugen. Beginne am besten an der Spitze!

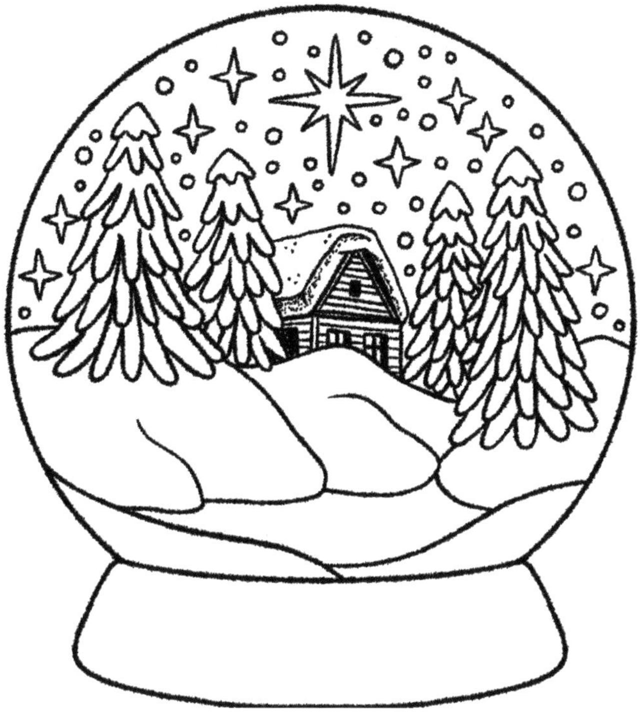

2.

Ziehe mit dem Fineliner in Stärke 0.2 die Outlines der Schneekugel, des Sockels und der vordersten Schneeschicht nach. Zeichne dann mit dem Fineliner in Stärke 0.1 die Tannen, bevor du die Linien der restlichen Hügel, der Hütte und Sterne sorgfältig nachziehst. Die Hütte kannst du mit Fenstern ausstatten und durch parallele Linien Holzplanken andeuten. Mit ein paar getüpfelten Schattierungen des Dachs ist deine Hütte komplett.

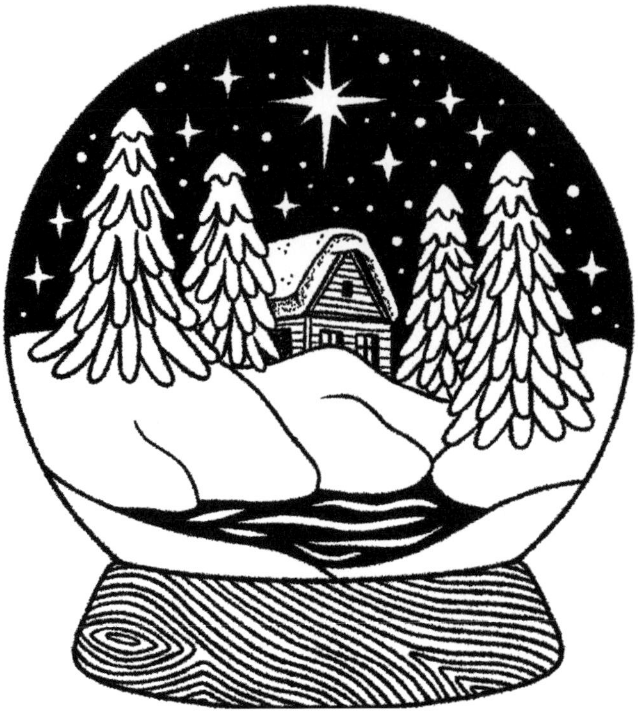

3. Zeichne mit dem Fineliner in Stärke 0.2 gewellte Konturen in den See und nutze zum Ausmalen deinen Fineliner in Stärke 0.5. Mit demselben Stift kannst du auch den Himmel füllen. Um die Holzmaserung des Sockels zu zeichnen, empfiehlt es sich, sie vorher mit Bleistift zu skizzieren. Bringe sie dann mit geschwungenen, gleichmäßig verlaufenden Linien und dem Fineliner in Stärke 0.1 auf dein Papier.

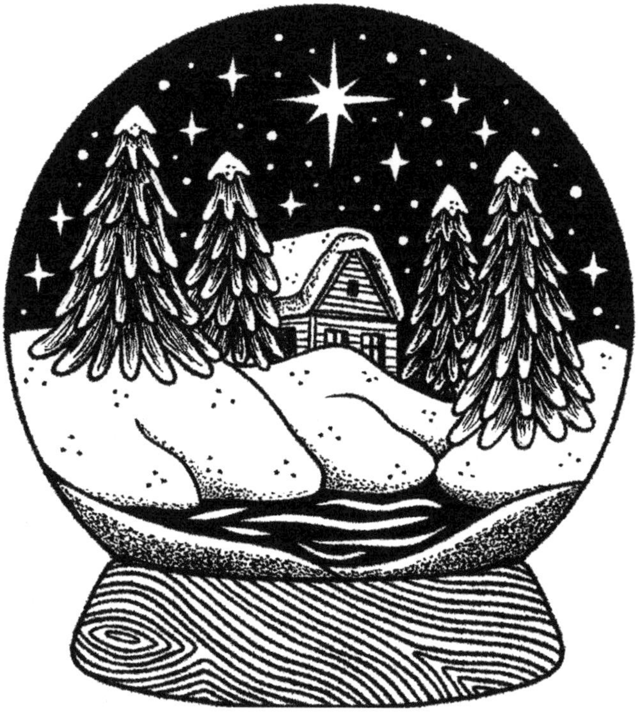

4.

Im letzten Schritt wird schattiert. Tüpfele zuerst mit dem Fineliner in Stärke 0.1 die unteren Bereiche der Schneehügel. Setze danach mit dem Fineliner in Stärke 0.2 ein paar Punkte in die übrige freie Fläche, damit sie nicht so kahl aussieht. Zu guter Letzt sind die Tannen an der Reihe. Zeichne mit deinem dünnen Fineliner mehrere Linien von der oberen Seite des jeweiligen Tannenabschnitts in Richtung Spitzen. Lass den obersten Abschnitt unbedingt frei, auch alle Enden der Äste sollen weiß bleiben. Das erweckt den Eindruck, sie seien schneebedeckt. Drei kleine Punkte auf den Spitzen der Tannen runden das Bild ab. Wenn alles komplett getrocknet ist, kannst du die Bleistiftskizze wegradieren.

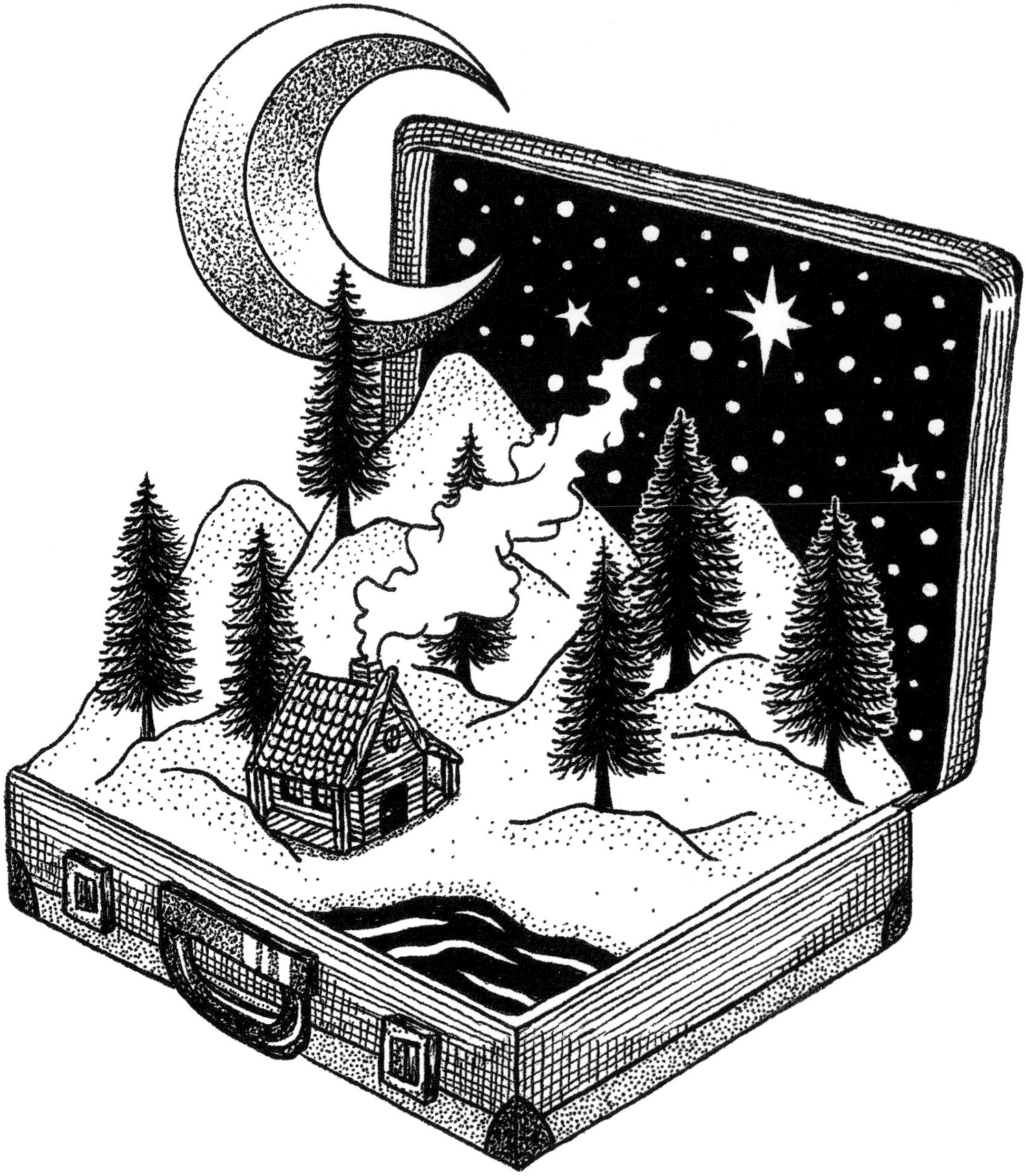

Ideen-**sammlung**

Lass dich auf den folgenden Seiten von verschiedenen Themengebieten und Einzelmotiven inspirieren und nimm dir die Freiheit, damit deine ganz eigenen Kunstwerke zu kreieren. Du findest hier auch zwei Übungsblätter für das Zeichnen mit Finelinern. Probiere dich aus und finde deinen persönlichen Stil, ich wünsche dir ganz viel Spaß und Freude beim Ausprobieren!

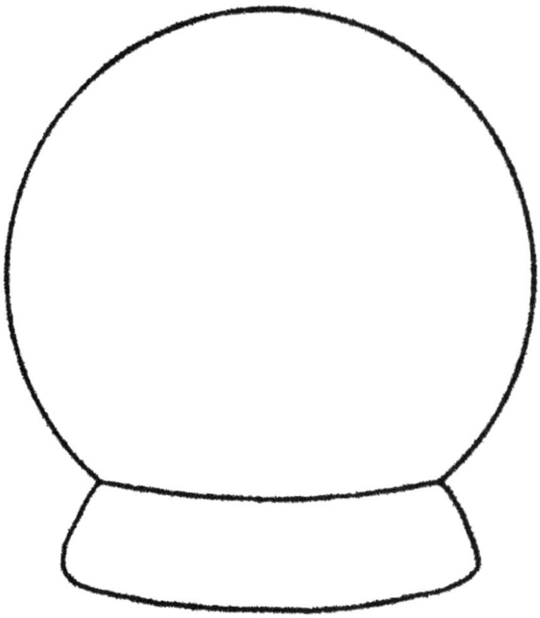

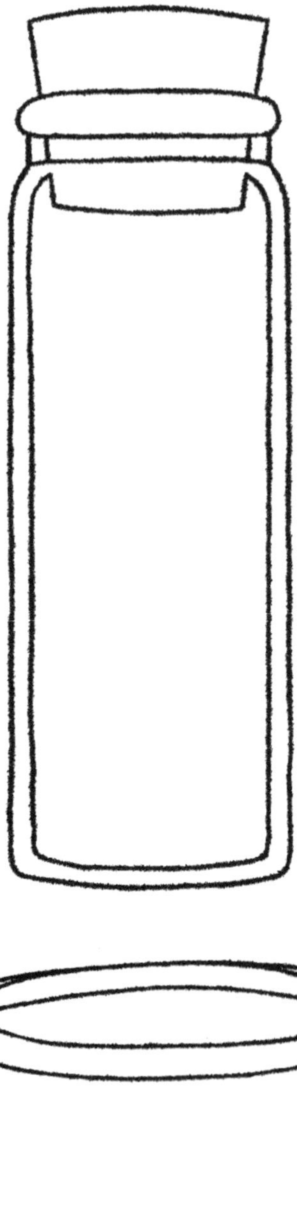

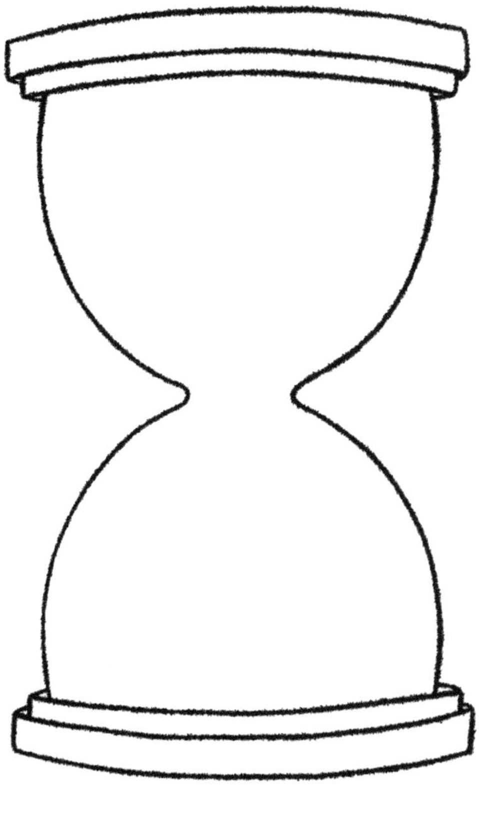

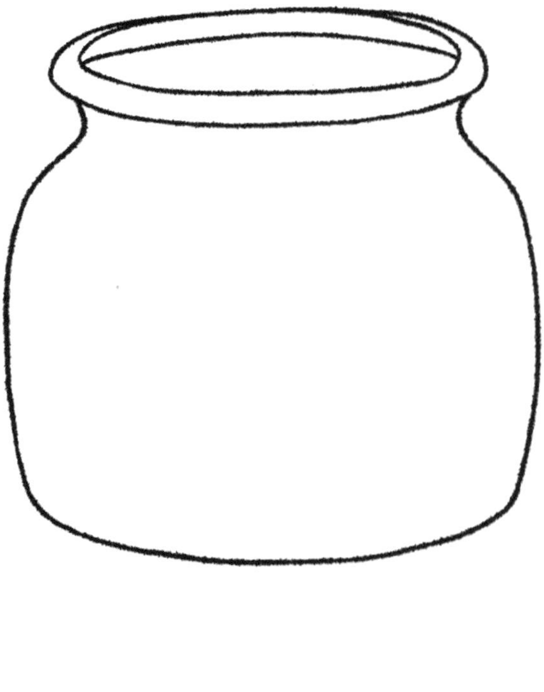

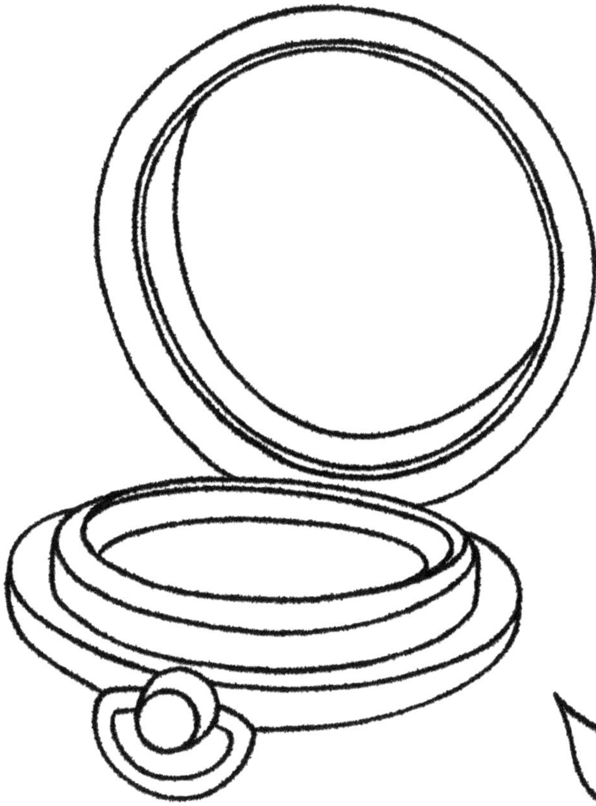

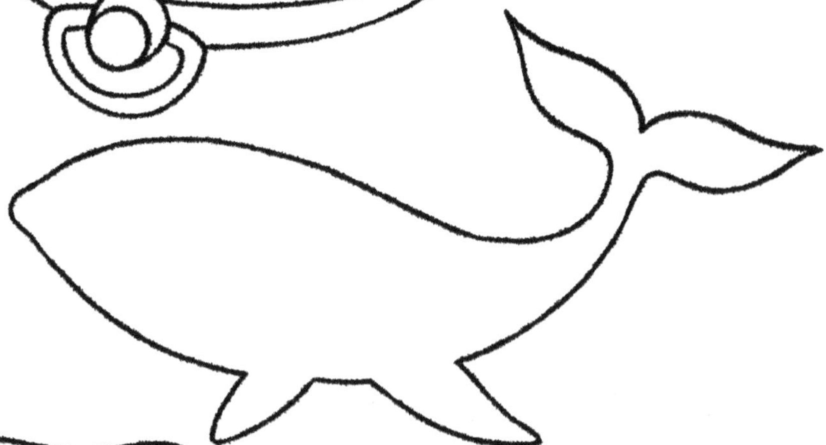

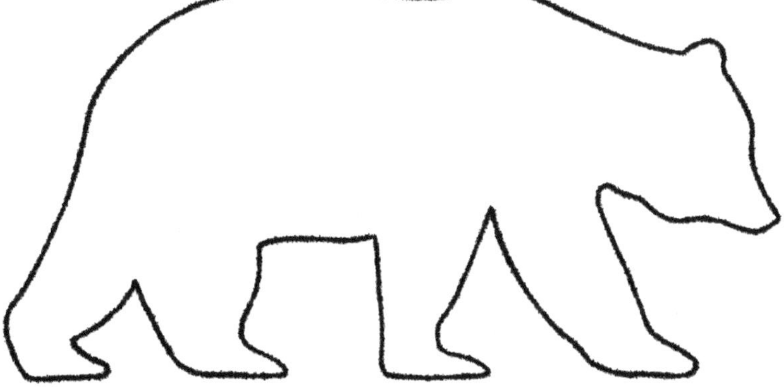

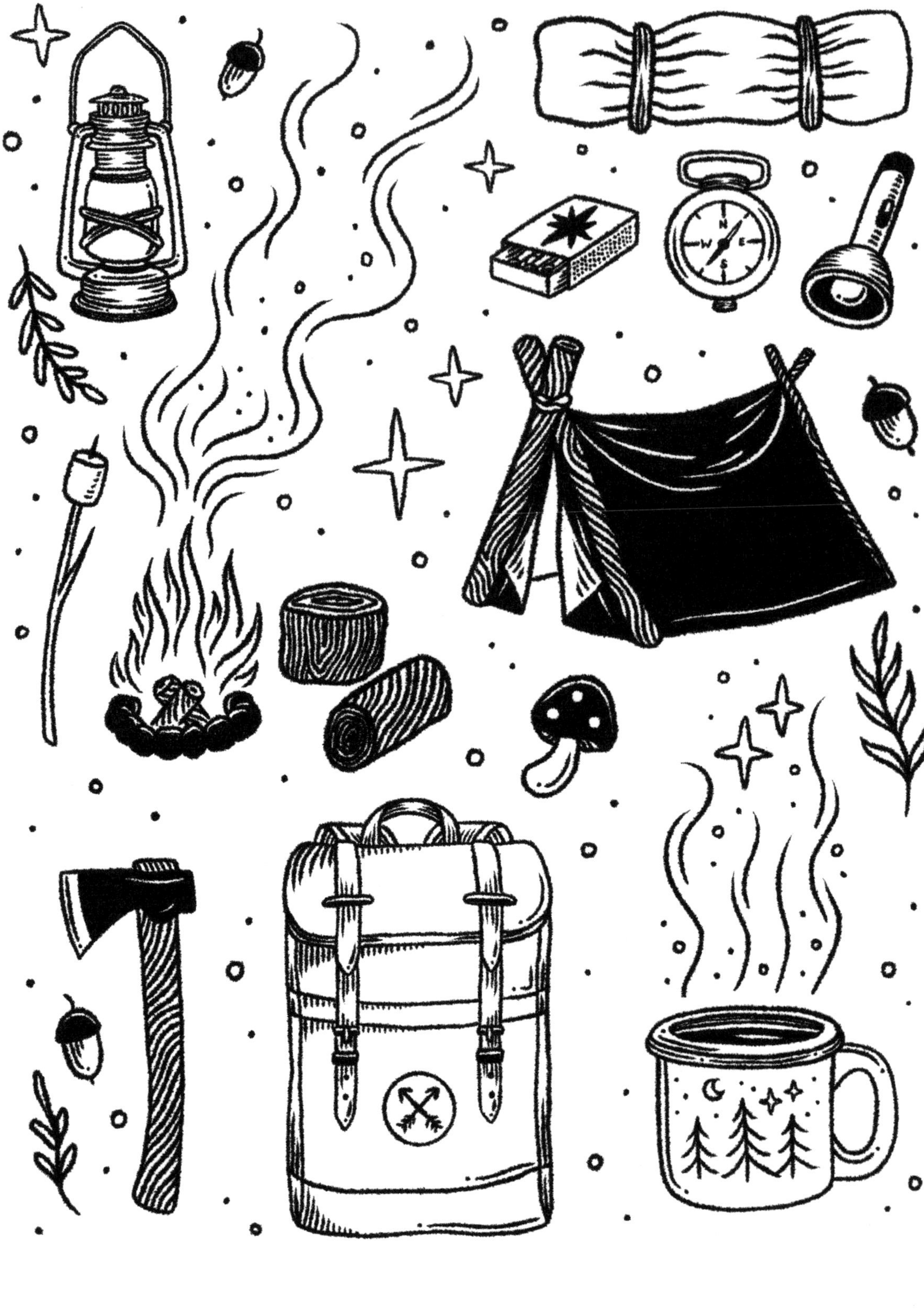
N
W
E
S

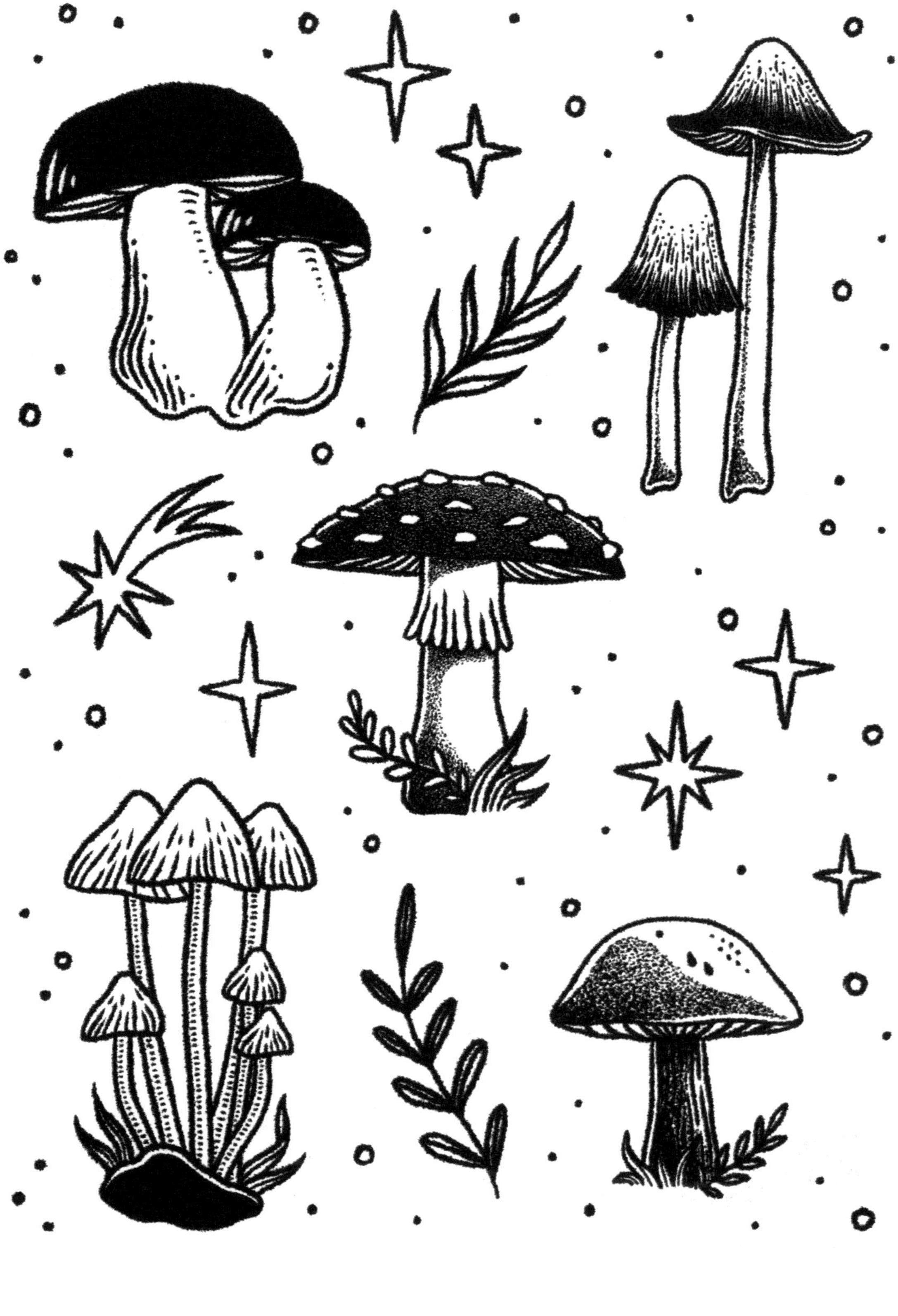

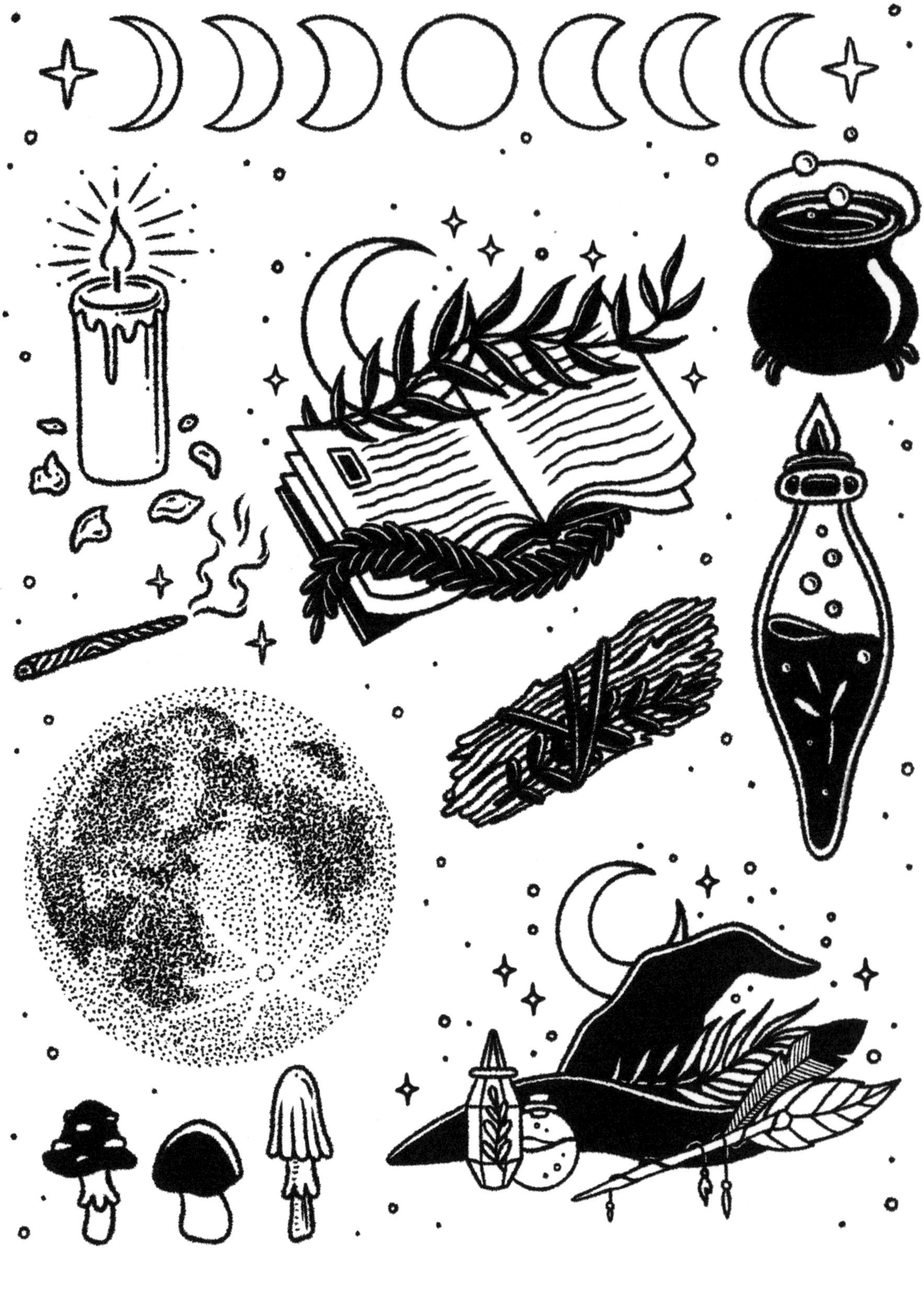

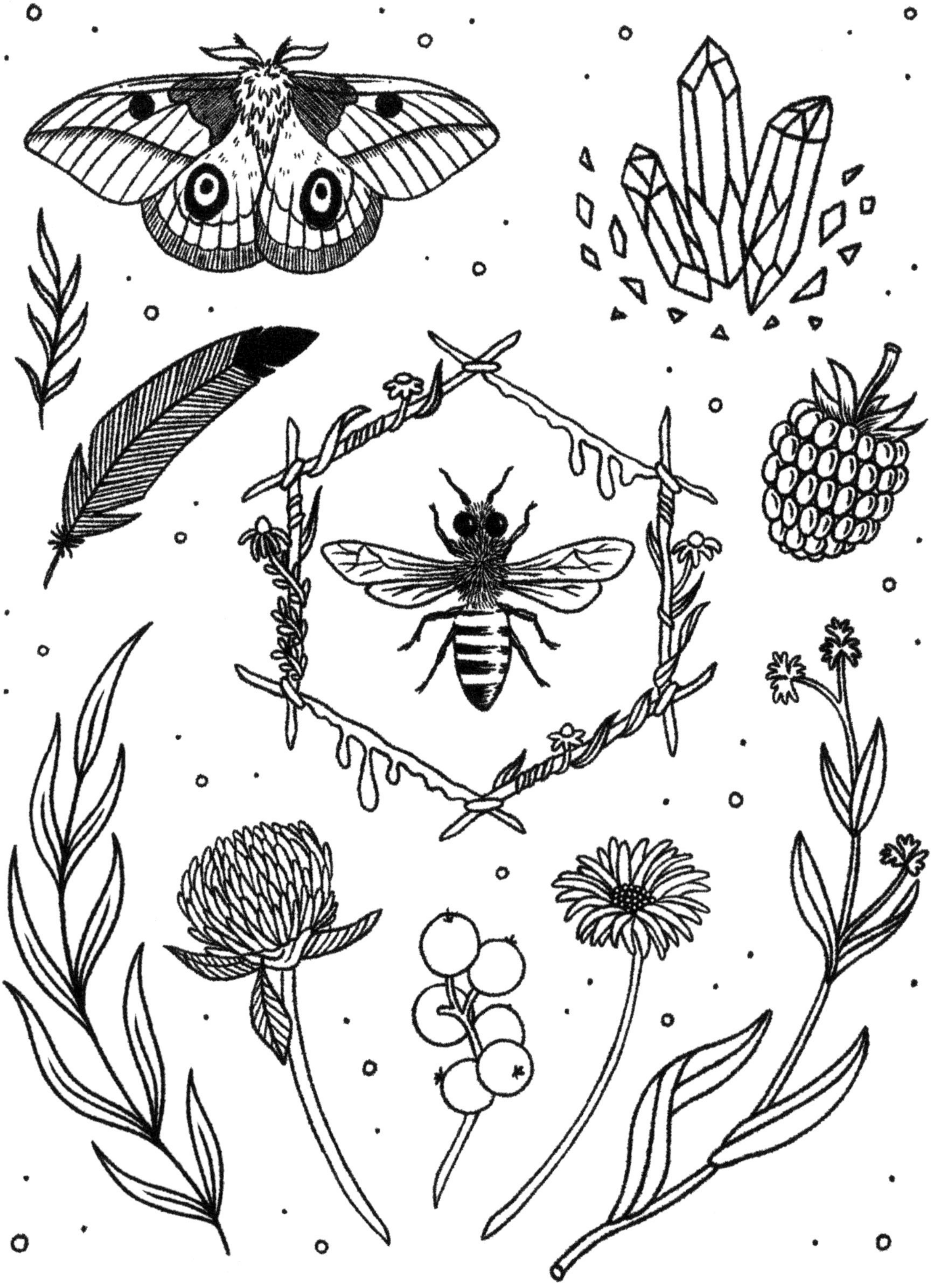

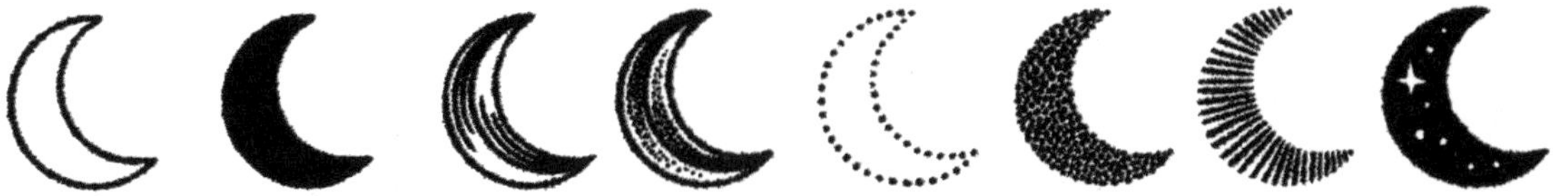

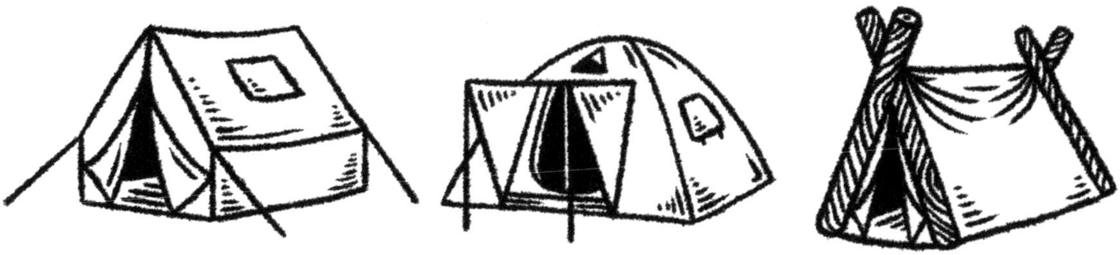

Probiere verschiedene Stile aus oder kombiniere sogar mehrere in einer Illustration miteinander.

Diese Stile kannst du auch auf andere Bäume und Gegenstände anwenden.

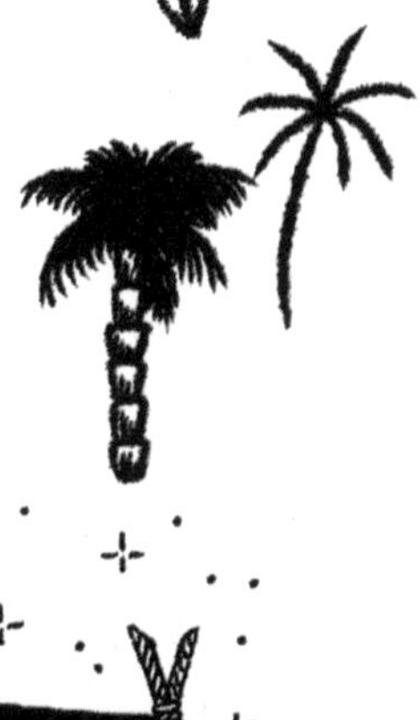

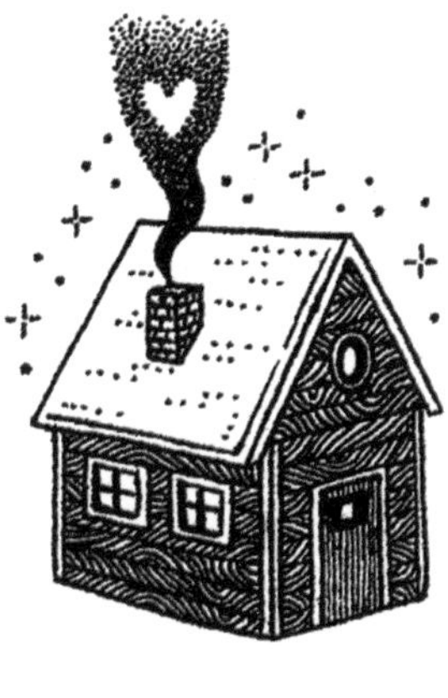

Übungs**blatt 1**

Texturen und Muster

1. Fülle die Flächen mit verschiedenen Texturen wie Stein, Holz, Gras, Fell und Ziegeln.
2. Die Kästchen kannst du mit vielen verschiedenen Mustern füllen. Das ist nicht nur eine gute Übung, sondern auch eine tolle Ideensammlung, die du in deinen Zeichnungen verwenden kannst.

Gefüllte Silhouetten

3. Zeichne mit Bleistift verschiedene Formen wie Kreise, Quadrate oder Dreiecke. Fülle diese dann mit dem Fineliner und verwende einige deiner bereits zuvor erstellten Muster oder Linien. Radiere die Umrisse zum Schluss weg.

1.

2.

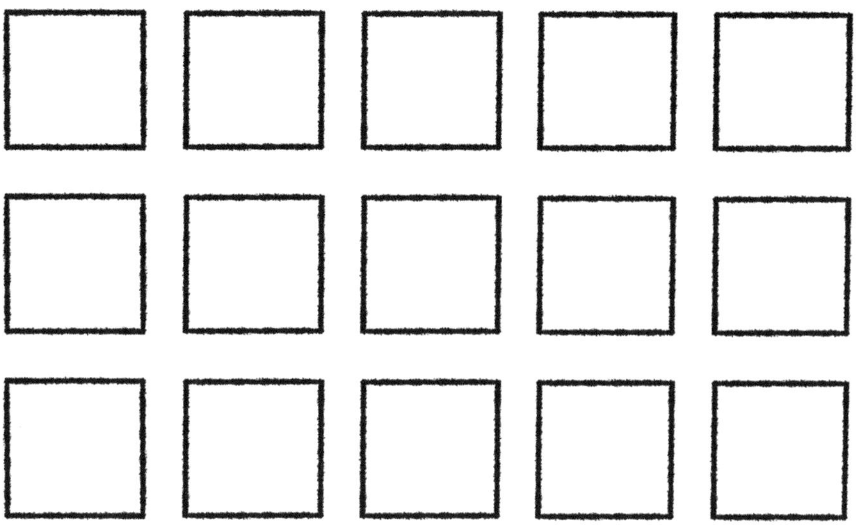

3.

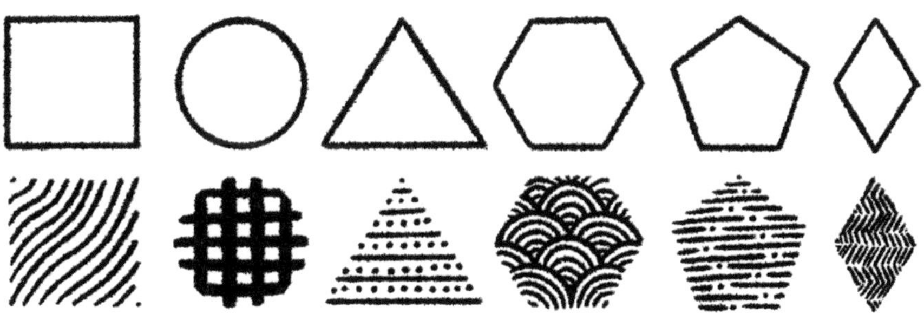

Übungs**blatt 2**

Kopiere die Übungsblätter und mache gern gleich mehrere Kopien zum Üben.

Schraffur und Schatten

Probiere die verschiedenen Möglichkeiten aus, Flächen zu schraffieren:

1. Schraffiere mit der einfachen Schraffur – alle Linien sind dabei parallel. Zeichne verschiedene Tonwerte, indem du mit den Abständen zwischen den Linien spielst.
2. Schraffiere die Flächen mit einer Kreuzschraffur. Variiere auch mit Abständen und Strichstärke.
3. Versuche, einen gleichmäßigen Verlauf mit der Kreuzschraffur zu erzeugen.

Auch die Schraffur mit Punkten will gelernt sein. Achte darauf, die Punkte sorgfältig zu setzen.

4. Fülle die Flächen mit Punkten und variiere mit der Intensität, um verschiedene Tonwerte zu erzeugen.
5. Versuche nun, mit Punkten einen gleichmäßigen Verlauf von hell nach dunkel zu erzeugen. Nutze beim ersten Feld eine dünnere Strichstärke und beim zweiten eine dickere.

Kreuz- und Punktschraffur

6. Kombiniere beide Techniken miteinander, um verschiedene Tonwerte zu erhalten.
7. Versuche wieder, einen Verlauf zu erzeugen.
8. Schattiere in diesem Schritt die Formen mit einer Schraffurtechnik deiner Wahl und achte dabei darauf, woher das Licht kommt.

1.

2.

3.

4.

5.

6.

7.

8.

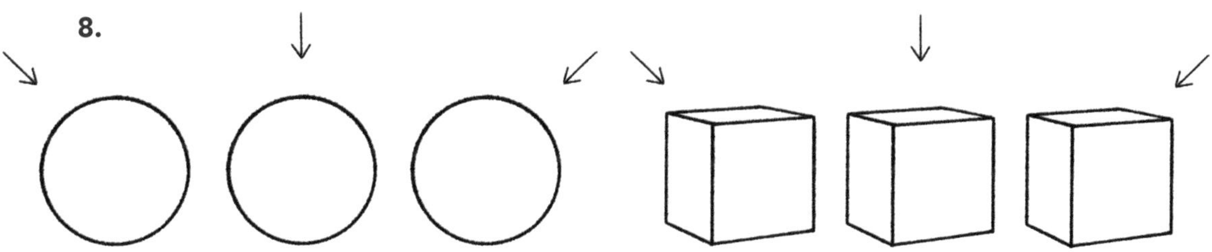

Buchempfehlungen **für Dich**

Noch mehr Kreativ-Bücher zum gleichen Thema gesucht?

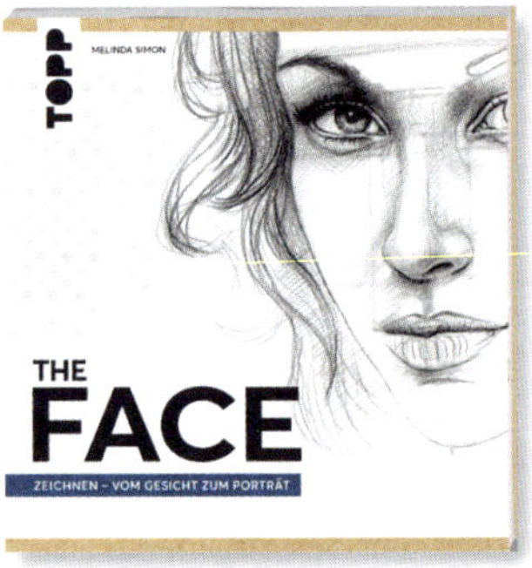

ISBN 978-3-7724-8398-1

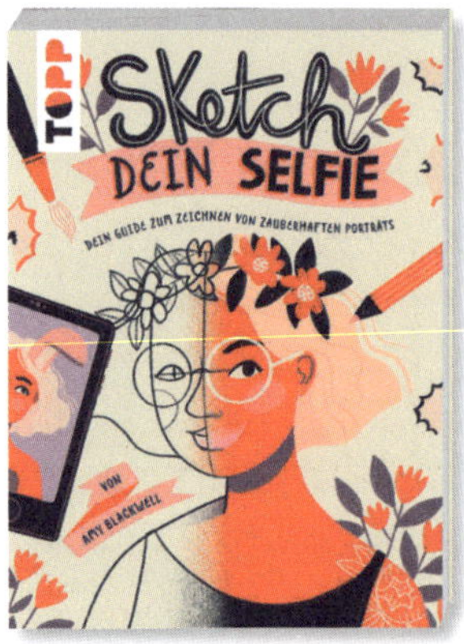

ISBN 978-3-7724-4729-7

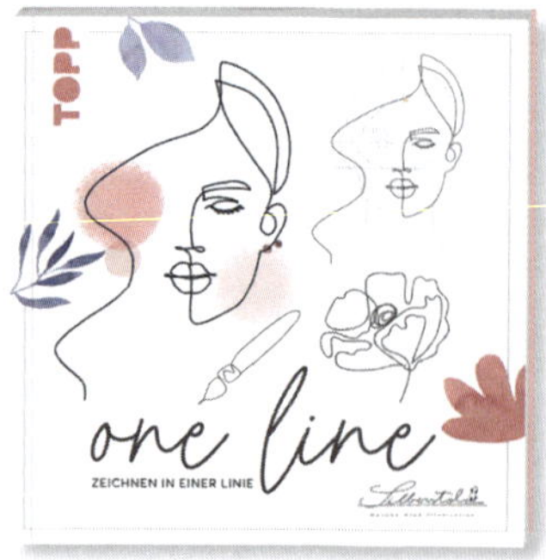

ISBN 978-3-7724-4792-1

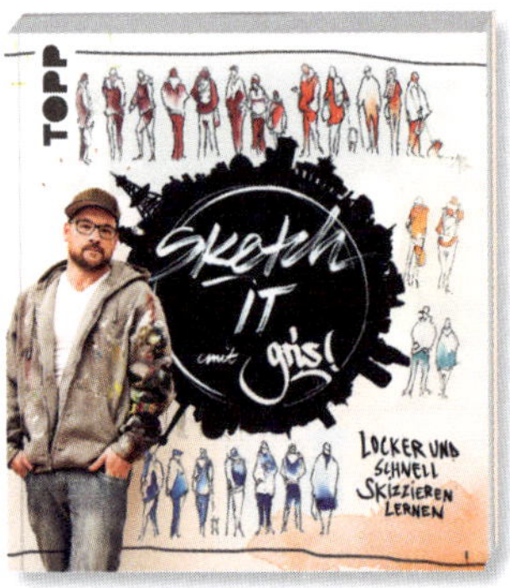

ISBN 978-3-7724-4730-3

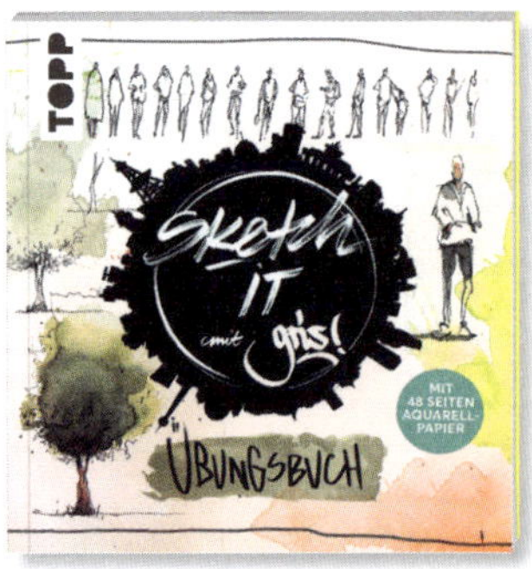

ISBN 978-3-7724-4731-0

Viele weitere Kreativ-Bücher findest du auf www.TOPP-kreativ.de

#TOPPPROJEKT

Die eigene Kreativität zeigen: TOPPprojekt mit anderen Kreativen teilen und Teil der Gemeinschaft werden.

DIY-begeistert und auf Instagram? Dann unbedingt mitmachen! Hier gibt's Tipps und Feedback zu den eigenen Projekten. Außerdem verlosen wir jeden Monat ein Überraschungspaket. Um am Gewinnspiel teilzunehmen, einfach ein Bild vom Kreativ-Projekt aus unseren Büchern mit #TOPPprojekt posten und unserem Account @frechverlag folgen. Mehr Infos auf TOPP-kreativ.de/TOPPprojekt

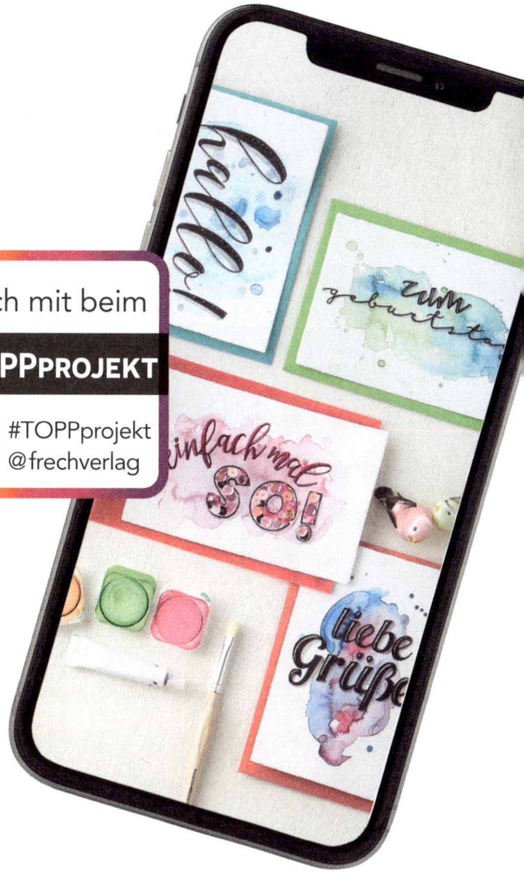

Mach mit beim
#TOPPPROJEKT
#TOPPprojekt
@frechverlag

Website
Auf TOPP-kreativ.de kannst du ein riesiges Angebot von über 1.000 Kreativbüchern, Sets & mehr entdecken.

Newsletter
Gleich anmelden unter: TOPP-kreativ.de/newsletter und immer als Erstes von unseren Neuheiten und Sonderaktionen erfahren.

Instagram
@frechverlag

Pinterest
pinterest.com/frechverlag

Facebook
facebook.com/frechverlag

DigiBib
Hier findest du zusätzlich zu vielen unserer Bücher digitale Extras, wie Video-Tutorials, Plotter-Dateien, Vorlagen, Übungsblätter & vieles mehr. Einfach im Impressum deines TOPP-Buchs den Freischalte-Code nachschlagen und exklusive Inhalte freischalten. TOPP-kreativ.de/digibib

Youtube
youtube.com/frechverlag

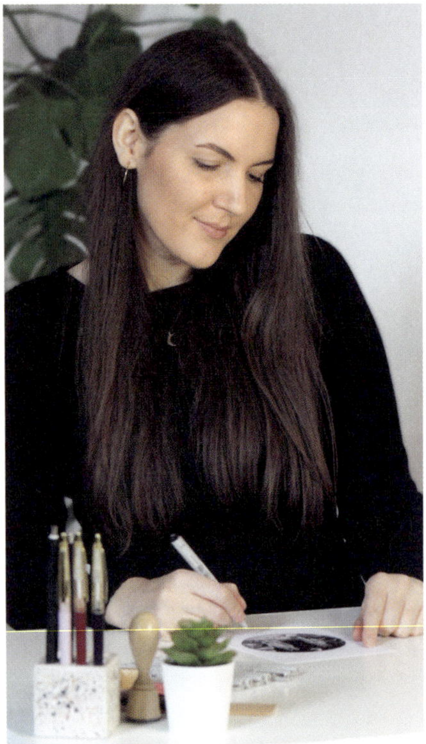

Kim Becker ist freiberufliche Illustratorin und Grafikdesignerin. Ihre Arbeit ist inspiriert von der Natur, Camping, Filmen und dem Schwarzwald. Ihre liebevollen, detaillierten Illustrationen zeichnet sie meist mit Finelinern. Auf Instagram folgen @kimbeckerdesign über 160.000 Menschen.

Danke an **Faber-Castell** (www.faber-castell.de) für die freundliche Unterstützung dieses Buches.

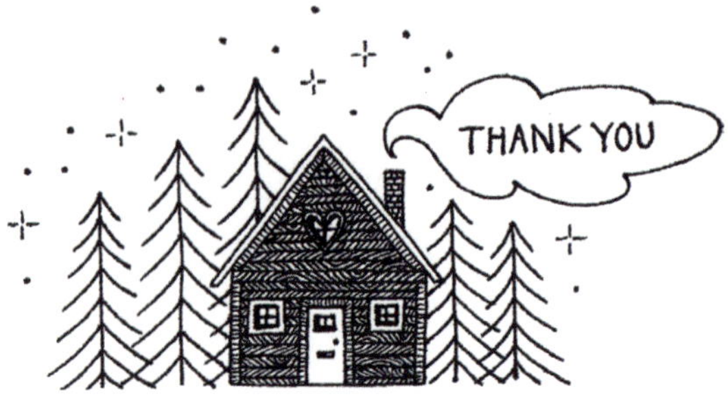

Unser Service für Sie: Wenn Sie Fragen zu den Anleitungen in diesem Buch haben, schreiben Sie einfach eine E-Mail an: mail@kreativ-service.info. Wir helfen Ihnen gerne weiter.

Impressum

Texte, Fotos und Illustrationen: Kim Becker

Produktmanagement: Lisa-Marie Weigel

Lektorat: Betz Lektorat + Redaktion, Tübingen

Layout und Satz: Bernadett Linseisen (schere.style.papier), München

Druck: Drukarnia Interak Sp. z o.o.

2. Auflage 2023

ISBN: 978-3-7724-4680-1 Best.-Nr. 4680